S0-BSF-498

# HARRAP'S

## Czech phrasebook

Robert Porter

Olga Spevak

### McGraw·Hill

New York   Chicago   San Francisco   Lisbon   London   Madrid   Mexico City
Milan   New Delhi   San Juan   Seoul   Singapore   Sydney   Toronto

The **McGraw·Hill** Companies

Copyright © 2006 by Chambers Harrap Publishers Ltd. All rights reserved.
Printed in Singapore by Tien Wah Press. Except as permitted under the
United States Copyright Act of 1976, no part of this publication may be
reproduced or distributed in any form or by any means, or stored in a
database or retrieval system, without the prior written permission of the
publisher.

ISBN 0-07-146745-9

McGraw-Hill books are available at special quantity discounts to use as
premiums and sales promotions, or for use in corporate training programs.
For more information, please write to the Director of Special Sales,
Professional Publishing, McGraw-Hill, Two Penn Plaza, New York, NY
10121-2298. Or contact your local bookstore.

Reprinted 2006


*Editor & Project Manager*
Anna Stevenson


*Publishing Manager*
Patrick White


*Prepress*
Susan Lawrie
Vienna Leigh

# CONTENTS

# INTRODUCTION

This brand new English-Czech phrasebook from Harrap is ideal for anyone wishing to try out their foreign language skills while travelling abroad. The information is practical and clearly presented, helping you to overcome the language barrier and mix with the locals.

Each section features a list of useful words and a selection of common phrases: some of these you will read or hear, while others will help you to express yourself. The simple phonetic transcription system, specifically designed for English speakers, ensures that you will always make yourself understood.

The book also includes a mini bilingual dictionary of around 4,500 words, so that more adventurous users can build on the basic structures and engage in more complex conversations.

Concise information on local culture and customs is provided, along with practical tips to save you time. After all, you're on holiday – time to relax and enjoy yourself! There is also a food and drink glossary to help you make sense of menus, and ensure that you don't miss out on any of the national or regional specialities.

Remember that any effort you make will be appreciated. So don't be shy – have a go!

## ABBREVIATIONS USED IN THIS GUIDE

| | | | |
|---|---|---|---|
| *acc* | accusative | *instr* | instrumental |
| *adj* | adjective | *loc* | locative |
| *adv* | adverb | *m* | masculine |
| *dat* | dative | *n* | neuter |
| *f* | feminine | *perf* | perfective |
| *gen* | genitive | *pl* | plural |
| *imperf* | imperfective | *sg* | singular |

# PRONUNCIATION

## ALPHABET

| Letter | Pronunciation | Transliteration |
|--------|---------------|-----------------|
| a | *a* (as in b**u**t) | *a* |
| á | *aa* (as in b**a**r) | *a̱* |
| b | *be* (as in **be**t) | *b* |
| c | *tse* (as in **tse**tse) | *ts* |
| č | *che* (as in **che**ck) | *ch* |
| d | *de* (as in **de**ad) | *d* |
| ď | *d-ye* (as in sol**di**er) | *dy* |
| e | *e* (as in g**e**t) | *e* |
| é | *ee* (long e) | *e̱* |
| ě | *ye* (as in **ye**s) | *ye* |
| f | *ef* | *f* |
| g | *ge* (as in **ge**t) | *g* |
| h | *ha* (as in **ha**rd) | *h* |
| ch | *ch* (as in lo**ch** + **a**) | *kh* |
| i | *ee* (as in w**ee**k) | *ee* |
| í | *ee* (long ee) | *ee̱* |
| j | *ye* (as in **ye**s) | *y* |
| k | *ka* (as in **ca**r) | *k* |
| l | *el* | *l* |
| m | *em* | *m* |
| n | *en* | *n* |
| ň | *enye* (as in p**enu**ry) | *ny* |
| o | *o* | *o* |
| ó | *o-o* (long *o*, as in c**au**ght) | *o̱* |
| p | *pe* (as in **pe**t) | *p* |
| q | *kve* (found only in words of foreign origin) | *kv* |

| | | |
|---|---|---|
| r | *er* (rolled r) | *r* |
| ř | *erzh* (rolled r and zh together) | *rzh* |
| s | *es* | *s* |
| š | *esh* | *sh* |
| t | *te* (as in **te**tchy) | *t* |
| ť | *t-ye* (as in pret**ti**er) | *ty* |
| u | *oo* (as in b**oo**t) | *oo* |
| ú/ů | *oo* (long *oo*) | <u>*oo*</u> |
| v | *ve* | *v* |
| w | *dvoyeete ve* (found only in words of foreign origin) | |
| x | *eeks* (as in w**eeks**) | |
| y | *eepseelon* | *ee* |
| ý | *ee-ee* (long ee) | |
| z | zed | *z* |
| ž | *zhed* (as in trea**s**ure) | *zh* |

# PRONUNCIATION

When two vowels occur adjacently in one word (to form a diphthong) this is transliterated with the help of a hyphen, eg **dlouho** (long) is transliterated as *dlo/ooho*.

Apart from the sound **ř**, a combination of a rolled r and zh (as the s is pronounced in "treasure"), Czech pronunciation is very easy. Spelling is highly phonetic, all vowels and consonants are pronounced clearly and the stress in every word falls on the first syllable or on any preceding preposition which contains a vowel (eg **ho**spoda pub; **do** hospody (in)to the pub).

Vowels marked with an acute accent are long vowels and are pronounced exactly the same as those unaccented but are held for approximately twice the length of time.

**h**, unlike the English equivalent, sounds rather like the noise you make when you pant, unless it comes at the end of a word, in which case it comes out like "ch", as in the Scottish "loch". **y** is pronounced the same as **i** and is the equivalent of the "ee" sound in "week". However, **i** when following a **d**, **n** or **t** is pronounced *yee*.

Groups of consonants without any vowels in between frequently look more difficult than they really are, since in such instances **r** and **l** assume the quality of a vowel, eg **krk** (neck) is pronounced rather like the Scottish "kirk", with a rolled r.

The letters **b d g h v z ž** often come out as **p t k ch f s š** respectively when they occur at the end of a word or when they are affected by certain subsequent letters. Conversely, the letters **p t k ch f s š** can come out as **b d g h v z zh** under the influence of the subsequent consonant, eg **kdo** (who) is pronounced *gdo*. These changes are not noted in the transliteration.

When **j** is the first letter in a word it is hardly pronounced at all, eg **jsem** (I am) comes out as *sem*. **ú** and **ů** are exactly the same letter but the convention is to use the first version when it comes at the beginning of a word.

Intonation is not wildly different from English patterns, but remember that often the standard way of formulating a question is by merely inflecting your voice, so you should aim to be suitably expressive.

The Czechs usually greet each other with a nod or a handshake although they will kiss family members.

There are two ways to say "you" in Czech (**ty** and **vy**). **Ty** is singular and is used for people with whom you are on first name terms. **Vy** is used for all plurals, whether among friends, relatives or in formal relationships, and is also used to address just one person politely or formally. If you're not sure how friendly you are supposed to be with someone, it's best to use **vy** – you'll soon be invited to use **ty**, if the situation suggests it. When addressing people and using verbs and adjectives, you need to bear in mind their number and gender, as well as your degree of intimacy with them!

Czechs always use diminutive forms of each others' names. For example, a girl called **Kateřina** will be known to everyone as **Katka** – **Kateřina** will only be used in formal or official contexts. Anyone called **Jan** (John in English) will be referred to as **Honza** by his friends and as **Jan** on his official papers.

There are two types of greeting in Czech. When entering a shop or administrative office, or meeting someone for the first time, you can say **dobré ráno** (good morning), **dobrý večer** (good evening) or just **dobrý den** (hello). When greeting someone your own age whom you already know, you can simply say **ahoj**. More colloquially, young Czechs often say **nazdar** or **čau**. You also often hear these days **hezký den/pěkný den** (have a nice day).

Yes and no are **ano** and **ne**, but note that **ano** is very frequently abbreviated to **no** or **jo**, so **no** in fact means yes!

## The basics

| bye | ahoj *ahoy* |
|---|---|
| excuse me | promiň (sg)/promiňte (pl, sg polite) |
| | *promeeny/promeenyte* |
| goodbye | na shledanou *na s-hledano-oo* |
| good evening | dobrý večer *dobree vecher* |
| good morning | dobré ráno *dobre rano* |
| goodnight | dobrou noc *dobro-oo nots* |
| hello | dobrý den *dobree den* |
| hi | ahoj *ahoy* |
| no | ne *ne* |
| OK | ok *okey* |
| pardon | pardon *pardon* |
| please | prosím tě (sg)/prosím vás (pl, sg polite) |
| | *proseem tye, proseem vas* |
| thank you | děkuji *dyekooyee* |
| yes | ano *ano* |

## Expressing yourself

I'd like ...
rád (m)/ráda (f) bych ...
*rad/rada beekh ...*

we'd like ...
rádi bychom ...
*radyee beekhom ...*

do you have ...?
máš (sg)/máte (pl, sg polite) ...?
*mash/mate ...?*

do you want ...?
chceš (sg)/chcete (pl, sg polite) ...?
*khtsesh/khtsete ...?*

is there a ...?
je tady někde ...?
*ye tadee nyekde ...?*

are there any ...?
jsou tady někde ...?
*yso-oo tadee nyekde ...?*

how ...?
jak ...?
*yak ...?*

why ...?
proč ...?
*proch ...?*

when ...?
kdy ...?
*kdee ...?*

what ...?
co ...?
*tso ...?*

**where is …?**
kde je …?
*kde ye …?*

**where are …?**
kde jsou …?
*kde yso-oo …?*

**how much is it?**
kolik to stojí?
*koleek to stoyee?*

**what is it?**
co to je?
*tso ye to?*

**do you speak English?**
mluvíš *(sg)*/mluvíte *(pl, sg polite)* anglicky?
*mlooveesh/mlooveete angleetskee?*

**where are the toilets, please?**
prosím vás, kde jsou toalety?
*proseem vas, kde yso-oo toaletee?*

**I'm sorry**
je mi (to) líto
*ye mee (to) leeto*

**how are you?**
jak se máš *(sg)*/máte *(pl, sg polite)*?
*yak se mash/mate*

**fine, thanks**
děkuji, dobře
*dyekooyee, dobrzhe*

**thanks very much**
mockrát děkuji
*motskrat dyekooyee*

**no, thanks**
ne, děkuji
*ne, dyekooyee*

**yes, please**
ano (prosím)
*ano (proseem)*

**you're welcome**
není zač
*nenyee zach*

**see you later**
zatím nashledanou
*zayeem na s-hledano-oo*

## Understanding

| | |
|---|---|
| **mimo provoz** | out of order |
| **obsazeno** | occupied |
| **otevřeno** | open |
| **pozor** | attention |
| **réservé** | reserved |
| **toalety** | toilets |
| **vchod** | entrance |
| **východ** | exit |
| **zákaz** | do not … |

| | |
|---|---|
| **zákaz kouření** | no smoking |
| **zákaz parkování** | no parking |
| **zdarma** | free (of charge) |

| | |
|---|---|
| **je/jsou …** | **vítám vás** |
| there's/there are … | welcome |

| | |
|---|---|
| **nevadí, když …?** | **okamžik, prosím** |
| do you mind if …? | one moment, please |

**posaď se** *(sg)***/posaďte se** *(pl, sg polite)***, (prosím)**
please take a seat

# PROBLEMS UNDERSTANDING CZECH

### Expressing yourself

| | |
|---|---|
| **pardon?** | **what?** |
| **prosím?** | **co?** |
| *pro<u>seem</u>?* | *tso?* |

**could you repeat that, please?**
**můžeš** *(sg)***/můžete** *(pl, sg polite)* **to říct ještě jednou?**
*m<u>oo</u>zhesh/m<u>oo</u>zhete to rzh<u>ee</u>tst y<u>e</u>shtye y<u>e</u>dno-oo?*

**could you speak more slowly?**
**můžeš** *(sg)***/můžete** *(pl, sg polite)* **mluvit pomaleji?**
*m<u>oo</u>zhesh/m<u>oo</u>zhete ml<u>oo</u>veet pomal<u>e</u>yee?*

| | |
|---|---|
| **I don't understand** | **I understand a little Czech** |
| **nerozumím** | **česky rozumím jen trochu** |
| *nerozoom<u>ee</u>m* | *ch<u>e</u>skee roz<u>oo</u>meem yen tr<u>o</u>khoo* |

**I can understand Czech but I can't speak it**
**česky rozumím, ale neumím mluvit**
*ch<u>e</u>skee roz<u>oo</u>meem, ale neo<u>o</u>meem ml<u>oo</u>veet*

| | |
|---|---|
| **I hardly speak any Czech** | **how do you say … in Czech?** |
| **česky ještě moc neumím** | **jak se řekne česky …?** |
| *ch<u>e</u>skee y<u>e</u>shtye mots neo<u>o</u>meem* | *yak se rzh<u>e</u>kne ch<u>e</u>skee …?* |

**do you speak English?**
**mluvíš** *(sg)***/mluvíte** *(pl, sg polite)* **anglicky?**
*ml<u>oo</u>veesh/ml<u>oo</u>v<u>ee</u>te angl<u>ee</u>tskee?*

**how do you spell it?**
jak se to píše?
*yak se to peeshe?*

**what's that called in Czech?**
jak se tomu říká česky?
*yak se tomoo rzheeka cheskee?*

**could you write it down for me?**
mohl *(m)*/mohla *(f)* byste mi to napsat?
*mohl/mohla beeste mee to napsat?*

## Understanding

**rozumíš** *(sg)*/**rozumíte** *(pl, sg polite)* **česky?**
do you understand Czech?

**napíšu ti** *(sg)*/**vám** *(pl, sg polite)* **to**
I'll write it down for you

**to znamená ...**
it means ...

**to je něco jako ...**
it's a kind of ...

# SPEAKING ABOUT THE LANGUAGE

### Expressing yourself

**I learned a few words from my phrasebook**
naučil *(m)*/naučila *(f)* jsem se pár slov z knížky
*naoocheel/naoocheela ysem se par slov z knyeezhke*

**I can say "please" and "thank you" but that's about all**
umím říct "prosím" a "děkuji", ale to je všechno
*oomeem rzheetst "proseem" a "dyekooyee", ale to ye vshekhno*

**I can just about get by**
domluvím se
*domlooveem se*

**I hardly know two words!**
umím jen pár slov!
*oomeem yen par slov!*

**I find Czech a difficult language**
čeština je pro mě těžká
*cheshtyeena ye pro mye tyezhka*

**I know the basics but no more than that**
mám základy, ale nic víc
*mam zakladee, ale nyeets veets*

**people speak too quickly for me**
lidi mluví moc rychle
*leedyee mloovee mots reekhle*

**máš** *(sg)*/**máte** *(pl, sg polite)* **dobrou výslovnost**
your pronunciation is very good

**mluvíš** *(sg)*/**mluvíte** *(pl, sg polite)* **výborně česky**
you speak very good Czech

# ASKING THE WAY

### Expressing yourself

**excuse me, can you tell me where the ... is, please?**
promiňte, kde je ..., prosím vás?
*promeenyte, kde ye ..., proseem vas?*

**is this the right way for ...?**
jdu správně na/do ...?
*ydoo spravnye na/do ...?*

**can you tell me how to get to ...?**
jak se dostanu na/do ...?
*yak se dostanoo na/do ...?*

**is there a ... near here?**
je tady někde ...?
*ye tadee nyekde ...?*

**could you show me on the map?**
mohl *(m)*/mohla *(f)* byste mi to ukázat na mapě?
*mohl/mohla beeste mee to ookazat na mapye?*

**is there a map of the town somewhere?**
je tady někde plán města?
*ye tadee nyekde plan mnyesta?*

**is it far?**
je to daleko?
*ye to daleko?*

**I'm looking for ...**
hledám ...
*hledam ...*

**I'm lost**
zabloudil *(m)*/zabloudila *(f)* jsem
*zablo-oodyeel*/*zablo-oodyeela ysem*

## Understanding

| | |
|---|---|
| **jet** | to go *(by car)* |
| **jít** | to go *(on foot)* |
| **pokračovat** | keep going |
| **stále rovně** | straight ahead |
| **vlevo** | left |
| **vpravo** | right |
| **zahnout** | turn |

**jste tu pěšky?**
are you on foot?

**je to pět minut autem**
it's five minutes away by car

**je to první/druhá/třetí ulice vlevo**
it's the first/second/third on the left

**na křižovatce doprava**
turn right at the roundabout

**u banky zahněte doleva**
turn left at the bank

**bude to příští výjezd**
take the next exit

**není to daleko**
it's not far

**je to hned za rohem**
it's just round the corner

# GETTING TO KNOW PEOPLE

## The basics

| | |
|---|---|
| bad | špatný *shpatnee* |
| beautiful | krásný *krasnee* |
| boring | nudný *noodnee* |
| cheap | levný *levnee* |
| expensive | drahý *drahee* |
| good | dobrý *dobree* |
| interesting | zajímavý *zayeemavee* |
| nice | hezký *hezkee* |
| not bad | docela dobrý *dotsela dobree* |
| splendid | skvělý *skvyelee* |
| well | dobře *dobrzhe* |
| to hate | nesnášet *nesngshet* |
| to like | mít rád *(m)*/ráda *(f)* *meet rad/meet rada* |
| to love | milovat *meelovat* |

## INTRODUCING YOURSELF AND FINDING OUT ABOUT OTHER PEOPLE

### Expressing yourself

**my name's ...**
jmenuji se ...
*ymenooyee se ...*

**pleased to meet you!**
těšilo mě!
*tyesheelo mnye!*

**what's your name?**
jak se jmenuješ *(sg)*/jmenujete *(pl, sg polite)*?
*yak se ymenooyesh/ymenooyete?*

**this is my husband**
to je můj manžel
*to ye mooy manzhel*

**this is my partner, Karen**
to je moje partnerka, Karen
*to ye moye partnerka, Karen*

**we're Welsh**
jsme z Walesu
*ysme z Velsoo*

**I'm from …**
jsem z …
*ysem z …*

**I'm 22**
je mi dvacet dva let
*ye mee dvatset dva let*

**what do you do for a living?**
jaké je vaše zaměstnání?
*yake ye vashe zamnyestananyee?*

**I work**
pracuji
*pratsooyee*

**I'm a teacher**
jsem učitel *(m)* / učitelka *(f)*
*ysem oocheetel/oocheetelka*

**I work in marketing**
pracuji v oblasti marketinku
*pratsooyee v oblastyee marketinkoo*

**I'm retired**
jsem v důchodu
*ysem v dookhodoo*

**I have two children**
mám dvě děti
*mam dvye dyetyee*

**two boys and a girl**
dva chlapce a dívku
*dva khlaptse a dyeevkoo*

**I'm English**
jsem Angličan *(m)* / Angličanka *(f)*
*ysem angleechan/angleechanka*

**where are you from?**
odkud jsi *(sg)* / jste *(pl, sg polite)*?
*odkood ysee/yste?*

**how old are you?**
kolik je ti *(sg)* / vám *(pl, sg polite)* let?
*koleek ye tyee/vam let?*

**are you a student?**
studuješ *(sg)* / studujete *(pl, sg polite)*?
*stoodooyesh/stoodooyete?*

**I'm studying law**
studuji práva
*stoodooyee prava*

**I stay at home with the children**
jsem doma s dětmi
*ysem doma s dyetmee*

**I work part-time**
pracuji na poloviční úvazek
*pratsooyee na poloveechnyee oovazek*

**I'm self-employed**
jsem podnikatel *(m)* / podnikatelka *(f)*
*ysem podnyeekatel/podnyeekatelka*

**we don't have any children**
nemáme děti
*nemame dyetyee*

**a boy of five and a girl of two**
chlapci je pět a dívce jsou dva roky
*khlaptsee ye pyet a dyeevtse dva rokee*

**have you ever been to Britain?**
už jste byl *(m)* / byla *(f)* v Británii?
*oozh yste beel/beela v Breetaneeyee?*

### Understanding

**jste Angličan** *(m)***/Angličanka** *(f)***?**
are you English?

**Anglii znám dobře**
I know England quite well

**jsme tu taky na dovolené**
we're on holiday here too

**rád** *(m)***/ráda** *(f)* **bych jel** *(m)***/jela** *(f)* **jednou do Skotska**
I'd love to go to Scotland one day

# TALKING ABOUT YOUR STAY

### Expressing yourself

**I'm here on business**
jsem tu pracovně
*ysem too pratsovnye*

**we're on holiday**
jsme na dovolené
*ysme na dovolene*

**I arrived three days ago**
přijel *(m)*/přijela *(f)* jsem před třemi dny
*przheeyel/przheeyela ysem przhed trzhemee dnee*

**we've been here for a week**
byli jsme tu na týden
*beelee ysme too na teeden*

**I'm only here for a long weekend**
jsem tu jen na dlouhý víkend
*ysem too yen na dlo-oohee veekend*

**we're just passing through**
jen tudy projíždíme
*yen toodee proyeezhdyeeme*

**this is our first time in Prague**
jsme v Praze poprvé
*ysme v Praze poprve*

**we're here to celebrate our wedding anniversary**
přijeli jsme na výročí naší svatby
*przheeyelee ysme na veerochee nashee svatbee*

**we're on our honeymoon**
jsme tu na svatební cestě
*ysme too na svatebnyee tsestye*

**we're here with friends**
jsme tu s přáteli
*ysme too s przhatelee*

**we're touring around**
prohlížíme si kraj
*prohleezheeme see kray*

**we managed to get a cheap flight**
sehnali jsme levnou letenku
*sehnalee ysme levno-oo letenkoo*

**we're thinking about buying a house here**
máme v úmyslu koupit si tady dům
*m**a**me v **oo**meesloo ko-oopeet see t**a**dee d**oo**m*

### Understanding

**hezký pobyt!**
enjoy your stay!

**hezký zbytek dovolené!**
enjoy the rest of your holiday!

**jste v České republice poprvé?**
is this your first time in the Czech Republic?

**jak dlouho se zdržíte?**
how long are you staying?

**líbí se vám tady?**
do you like it here?

**už jste navštívil** *(m)***/navštívila** *(f)* **...?**
have you been to …?

## STAYING IN TOUCH

### Expressing yourself

**we should stay in touch**
zůstaneme v kontaktu, že?
*z**oo**staneme v k**o**ntaktoo, zhe?*

**I'll give you my e-mail address**
dám ti e-mailovou adresu
*d**a**m tyee ee-maylovo-oo **a**dresoo*

**here's my address, if you ever come to Britain**
tady je moje adresa, jestli někdy budete mít cestu do Británie
*t**a**dee ye m**o**ye **a**dresa, y**e**stlee n**ye**kde b**oo**dete m**ee**t ts**e**stoo do Breet**a**neeye*

### Understanding

**dáš mi adresu?**
will you give me your address?

**máte e-mailovou adresu?**
do you have an e-mail address?

**vždy vás rádi uvidíme, můžete zůstat u nás**
you're always welcome to come and stay with us here

# EXPRESSING YOUR OPINION

> **Some informal expressions**
> **byla to nuda** it was boring
> **bylo to super** it was great

## Expressing yourself

In Czech the way to say you enjoy or like doing something is to say you "gladly (**rád**) do something", eg **he likes drinking beer** rád pije pivo *rad peeye peevo*; **she likes drinking wine** ráda pije víno (*rada peeye veeno*).

If you like a thing or a person, you say the thing or person pleases (**líbit se**) you, eg **he likes Marta** Marta se mu líbí (*Marta se moo leebee*); **she likes the film** film se jí líbí *feelm se yee leebee*.

If your feelings are stronger, you can say you "have (**mít**) the thing or person glad(ly) (**rád**)", eg **he loves Marta** má rád Martu (*ma rad Martoo*); **Marta loves the theatre** Marta má ráda divadlo (*Marta ma rada dyeevadlo*).

The ultimate expression of affection is **milovat** (to love).

**I really like (doing something) …**
moc rád *(m)*/ráda *(f)* …
*mots rad/rada …*

**I really liked it**
moc se mi to líbilo
*mots se mee to leebeelo*

**I didn't like it**
nelíbilo se mi to
*neleebeelo se mee to*

**I don't like (doing something) …**
nerad *(m)*/nerada *(f)* …
*nerad/nerada …*

**I love …**
zbožňuji …
*zbozhnyooyee …*

**I loved it**
líbilo se mi to
*leebeelo se mee to*

19

**I would like …**
rád (m)/ráda (f) bych (+ past participle)...
*r<u>a</u>d/r<u>a</u>da beekh …*

**I would have liked …**
rád (m)/ráda (f) bych (+ past participle)...
*r<u>a</u>d/r<u>a</u>da beekh …*

**I find it …**
zdá se mi to …
*zd<u>a</u> se mee to …*

**I found it …**
zdálo se mi to …
*d<u>a</u>lo se mee to …*

**it's wonderful**
je to úžasné
*ye to <u>oo</u>zhasne*

**it was wonderful**
bylo to úžasné
*b<u>ee</u>lo to <u>oo</u>zhasne*

**I agree**
souhlasím
*so-<u>oo</u>hlas<u>ee</u>m*

**I don't agree**
nesouhlasím
*neso-<u>oo</u>hlas<u>ee</u>m*

**I don't know**
nevím
*nev<u>ee</u>m*

**I don't mind**
je mi to jedno
*ye mee to yedno*

**I don't like the sound of it**
to mě neláká
*to mye nel<u>a</u>k<u>a</u>*

**it sounds interesting**
zní to zajímavě
*zn<u>ee</u> to za<u>ee</u>mavye*

**it really annoys me**
leze mi to na nervy
*leze mee to na nervee*

**it was boring**
byla to nuda
*b<u>ee</u>la to n<u>oo</u>da*

**it's a rip-off**
to je podvod
*to ye podvod*

**it gets very busy at night**
večer je tam živo
*vecher ye tam zheevo*

**it's too busy**
je tu moc lidí
*ye too mots leedy<u>ee</u>*

**it's very quiet**
je to velmi klidné
*ye to velmee kleedne*

**we had a great time**
dobře jsme se bavili
*dobrzhe ysme se baveelee*

**I really enjoyed myself**
dobře jsem se bavil (m)/bavila (f)
*dobrzhe ysem se baveel/baveela*

**there was a really good atmosphere**
byla tam skvělá atmosféra
*beela tam skvyela atmosfera*

**we met some nice people**
potkali jsme velmi sympatické lidi
*potkalee ysme velmee seempateetske leedyee*

**we found a great hotel**
našli jsme příjemný hotel
*nashlee ysme przheeyemnee hotel*

---

Understanding

**máš rád** *(m)***/ráda** *(f)* **...?**
do you like …?

**bav se dobře?**
did you enjoy yourselves?

**měl** *(m)***/měla** *(f)* **bys jít do/na ...**
you should go to …

**doporučuji ...**
I recommend …

**je to krásné místo**
it's a lovely area

**není tam moc turistů**
there aren't too many tourists

**není to nic moc**
it's a bit overrated

**nejezdi/nejezděte tam o víkendu, je tam moc lidí**
don't go at the weekend, it's too busy

# TALKING ABOUT THE WEATHER

**Some informal expressions**

**je zima, že by ani psa nevyhnal**
you wouldn't send a dog out in this cold
**je horko k padnutí** it's hot enough to make you drop
**je psí počasí** it's bloody awful weather
**je tu zima jako v márnici** it's freezing cold
**leje jako z konve** it's raining cats and dogs

## Expressing yourself

**have you seen the weather forecast for tomorrow?**
jaká je na zítra předpověď počasí?
*yaka ye na zeetra przhedpovyedy pochasee?*

**it's going to be nice**
bude hezky
*boode hezkee*

**it isn't going to be nice**
bude ošklivo
*boode oshkleevo*

**it's really hot**
je opravdu horko
*ye opravdoo horko*

**it gets cold at night**
večer je chladno
*vecher ye khladno*

**the weather was beautiful**
měli jsme krásné počasí
*mnyelee ysme krasne pochasee*

**it rained a few times**
několikrát pršelo
*nyekoleekrat prshelo*

**there was a thunderstorm**
byla bouřka
*beela bo-oorzhka*

**it's been lovely all week**
bylo hezky celý týden
*beelo hezkee tselee teeden*

**it's very humid here**
je tu velmi vlhko
*ye too velmee vlkhko*

**we've been lucky with the weather**
měli jsme štěstí na počasí
*mnyelee ysme shtyestyee na pochasee*

## Understanding

**asi bude pršet**
it's supposed to rain

**na celý týden předpovídají krásné počasí**
they've forecast good weather for the rest of the week

**zítra bude taky vedro**
it will be hot again tomorrow

# TRAVELLING

## The basics

| | |
|---|---|
| airport | letiště *letyeeshtye* |
| boarding | nástup *nastoop* |
| boarding card | palubní vstupenka *paloobnyee vstoopenka* |
| boat | loď *lody* |
| bus | autobus *a-ootoboos* |
| bus station | autobusové nádraží *a-ootoboosove nadrazhee* |
| bus stop | autobusová zastávka *a-ootoboosova zastavka* |
| car | auto *a-ooto* |
| check-in | odbavení *odbavenyee* |
| coach | autobus *a-ootoboos* |
| ferry | trajekt *trayekt* |
| flight | let *let* |
| gate | východ *veekhod* |
| left-luggage (office) | úschovna zavazadel *ooskhovna zavazadel* |
| luggage | zavazadla *zavazadla* |
| map | mapa *mapa* |
| motorway | dálnice *dalnyeetse* |
| passport | cestovní pas *tsestovnyee pas* |
| plane | letadlo *letadlo* |
| platform | nástupiště *nastoopeeshtye* |
| railway station | nádraží *nadrazhee* |
| return (ticket) | zpáteční jízdenka *zpatechnyee yeezdenka* |
| road | silnice *seelnyeetse* |
| shuttle bus | autobus na/z letiště *a-ootoboos na/z letyeeshtye* |
| single (ticket) | jízdenka tam *yeezdenka tam* |
| street | ulice *ooleetse* |
| streetmap | plán města *plan mnyesta* |
| taxi | taxi *taksee* |
| terminal | terminál *termeenal* |
| ticket | jízdenka *yeezdenka* |
| timetable | jízdní řád *yeezdnyee rzhad* |
| town centre | centrum *tsentroom* |
| train | vlak *vlak* |

| | |
|---|---|
| **tram** | tramvaj *tramvay* |
| **underground** | metro *metro* |
| **underground station** | stanice metra *stanyeetse metra* |
| **to book** | rezervovat *rezervovat* |
| **to hire** | půjčit *pooycheet* |

## Expressing yourself

**a ticket to ..., please**
lístek do/na ...
*leestek do/na ...*

**where can I buy tickets?**
kde si můžu koupit lístky?
*kde see moozhoo ko-oopeet leestkee?*

**I'd like to book a ticket**
chtěl (m)/chtěla (f) bych si rezervovat jízdenku
*khtyel/khtyela beekh see rezervovat yeezdenku*

**how much is a ticket to ...?**
kolik stojí jízdenka do/na ...?
*koleek stoyee yeezdenka do/na ...?*

**could I have a timetable, please?**
měl (m)/měla (f) byste jízdní řád?
*mnyel/mnyela beeste yeezdnyee rzhad?*

**are there any concessions for students?**
máte slevy pro studenty?
*mate slevee pro stoodentee?*

**is there an earlier/later one?**
nešlo by to dříve/později?
*neshlo bee to drzheeve/pozdyeyee?*

**how long does the journey take?**
jak dlouho trvá cesta?
*yak dlo-ooho trva tsesta?*

**is this seat free?**
je tohle místo volné?
*ye tohle meesto volne?*

**I'm sorry, there's someone sitting there**
je mi líto, někdo tu sedí
*ye mee leeto, nyekdo too sedee*

## Understanding

> **Making sense of abbreviations**
>
> **Hl. n.** (= Hlavní nádraží) central station
> **M** (= Metro) underground

| | |
|---|---|
| **informace** | information |
| **jízdenky** | tickets |
| **muži** | gents |
| **odjezdy** | departures (*trains*) |
| **odlety** | departures (*planes*) |
| **příjezdy** | arrivals (*trains*) |
| **přílety** | arrivals (*planes*) |
| **spoj** | connections |
| **toalety** | toilets |
| **vchod** | entrance |
| **vstup zakázán** | no entry |
| **východ** | exit |
| **ženy** | ladies |
| **zpoždění** | delayed |
| **zrušeno** | cancelled |

## BY PLANE

Prague is around two hours from London by plane. There are two sets of customs when you arrive at the airport: you will need to show your passport but it is rare for visitors from Britain to be asked to open their bags.

Several airlines now operate regular services to Prague. For example, Easyjet have budget flights from Stansted, Gatwick and Bristol. Prague city centre is only about 30 minutes' drive from the airport (**Praha Ruzyně**).

Buses (no. 119) run every 20–40 minutes between 4am and midnight to the Dejvická metro station. The journey takes about 30–40 minutes.

A low-loader bus (no. 100), very convenient if you have bulky luggage, runs from the terminus metro station at **Zličín** to the airport. At peak times it runs every 15 minutes, at other times every 30 minutes, the journey taking about 13 minutes. Taxi drivers have earned a reputation for over-charging and if you decide to take a taxi it is best to agree the fare with the driver before you start. A journey to the city centre from the airport should not cost more than about 600 koruna.

## Expressing yourself

**I've got an e-ticket**
mám elektronickou letenku
*mam elektronyeeitsko-oo letenkoo*

**where's the Easyjet check-in?**
kde je odbavení pro Easyjet?
*kde ye odbavenyee pro eezeedzhet?*

**one suitcase and one piece of hand luggage**
kufr a příruční zavazadlo
*koofr a przheeroochnyee zavazadlo*

**what time do we board?**
v kolik hodin bude nástup do letadla?
*v koleek hodyeen boode nastoop do letadla?*

**I'd like to confirm my return flight**
chtěl *(m)*/chtěla *(f)* bych potvrdit zpáteční let
*khtyel/khtyela beekh potvrdyeet zpatechnyee let*

**one of my suitcases is missing**
chybí mi jeden kufr
*kheebee mee yeden koofr*

**my luggage hasn't arrived**
nedostal *(m)*/nedostala *(f)* jsem zavazadla
*nedostal /nedostala ysem zavazadla*

**the plane was two hours late**
letadlo mělo dvě hodiny zpoždění
*letadlo mnyelo dvye hodyeenee zpozhdyenyee*

**I've missed my connection**
zmeškal *(m)*/zmeškala *(f)* jsem spoj
*zmeshkal/zmeshkala ysem spoy*

**I've left something on the plane**
něco jsem v letadle zapomněl *(m)*/zapomněla *(f)*
*nyetso ysem v letadle zapomnyel/zapomnyela*

**I want to report the loss of my luggage**
chtěl *(m)*/chtěla *(f)* bych oznámit ztrátu zavazadel
*khtyel/khtyela beekh oznameet ztratoo zavazadel*

## Understanding

| | |
|---|---|
| **celnice** | customs |
| **nic k proclení** | nothing to declare |
| **odbavovací hala** | departure lounge |
| **okamžitý nástup** | immediate boarding |
| **pasová kontrola** | passport control |
| **podání zavazadel** | check-in |
| **výdej zavazadel** | baggage reclaim |
| **zboží k proclení** | goods to declare |

**počkejte si v odbavovací hale**
please wait in the departure lounge

**místo u okénka, nebo v chodbě?**
would you like a window seat or an aisle seat?

**máte spoj do/na ...**
you'll have to change in …

**kolik máte zavazadel?**
how many bags do you have?

**balil** *(m)*/**balila** *(f)* **jste si kufr sám** *(m)*/**sama** *(f)***?**
did you pack all your bags yourself?

**dal vám někdo něco s sebou na cestu?**
has anyone given you anything to take onboard?

**máte pět kilo nadváhu**
your luggage is five kilos overweight

**tady je vaše palubní vstupenka**
here's your boarding card

**nástup začíná v ...**
boarding will begin at ...

**jděte k bráně číslo ...**
please proceed to gate number …

**poslední výzva pro ...**
this is a final call for …

**zavolejte na toto číslo, jestli vaše zavazadla dorazila**
you can call this number to check if your luggage has arrived

# BY TRAIN, COACH, BUS, UNDERGROUND, TRAM

Some towns, such as **Plzeň** and **Brno**, still have trolley buses.

The same tickets can be used on the underground, trams and buses. Note that there are various types of tickets available: in Prague a basic 12-koruna ticket (**přestupní jízdenka**) allows you to make connections and is valid for an hour on weekdays and 90 minutes at weekends, on bank holidays and after 8pm. If you don't need to make any connections, you can just buy a single ticket. Tickets are sold in tobacconists (**trafika**), kiosks and underground stations. Prague has three colour-coded underground lines (A, B and C). Trains run frequently between 5am and midnight. Buses and trams also provide a reasonably good service throughout the night. Conductors on public transport are often in plain clothes and will present a small metal tag as proof of identity.

The rail and coach networks are fairly well-developed.

Coaches are cheaper, but be warned that drivers will continue to take passengers even if there are no seats left. It's best to arrive at least half an hour before departure.

Train tickets are priced by the kilometre. So if you change your itinerary, you will have to buy a new ticket to cover the additional distance covered. There are two types of trains: **rychlík** (express) and regular services. Train tickets can be bought at the station, either at a counter or, in larger stations, from a machine.

## Expressing yourself

**can I have a map of the underground, please?**
můžu dostat plán metra?
*moozhoo dostat plan metra?*

**what time is the next train to ...?**
v kolik hodin jede příští vlak do/na ...?
*v koleek hodyeen yede przheeshtyee vlak do/na ...?*

**what time is the last train?**
v kolik hodin jede poslední vlak?
*v koleek hodyeen yede poslednyee vlak?*

**which platform is it for ...?**
z kterého nástupiště jede vlak do/na ...?
*z ktereho nastoopeeshtye yede vlak do/na ...?*

**where can I catch a bus to ...?**
kde mám nastoupit do autobusu do/na ...?
*kde mam nasto-oopeet do a-ootoboosoo do/na ...?*

**which line do I take to get to ...?**
kterou linkou se dostanu do/na ...?
*ktero-oo leenko-oo se dostanoo do/na ...?*

**is this the stop for ...?**
jsem správně na zastávce směrem do/na ...?
*ysem spravnye na zastavtse smnyerem do/na ...?*

**is this where the coach leaves for ...?**
autobus do/na ... odjíždí odtud?
*a-ootoboos do/na ... odyeezhdyee odtood?*

**can you tell me when I need to get off?**
mohl *(m)*/mohla *(f)* byste mi říct, kdy mám vystoupit?
*mohl/mohla beeste mee rzheetst, kdee mam veesto-oopeet?*

**I've missed my train/bus**
ujel mi vlak/autobus
*ooyel mee vlak/a-ootoboos*

## Understanding

| | |
|---|---|
| **denní** | for the day |
| **měsíční** | monthly |
| **nástupiště** | to the trains |
| **pokladna** | ticket office |
| **rezervace** | bookings |
| **týdenní** | weekly |

**zastávka je kousek dál vpravo**
there's a stop a bit further along on the right

**připravte si drobné, prosím**
exact money only, please

**musíte přestoupit v/na ...**
you'll have to change at …

**musíte jet autobusem číslo ...**
you need to get the number … bus

**tento vlak staví v ...**
this train calls at …

**třetí zastávka**
two stops from here

# BY CAR

Your British driving licence will be valid in the Czech Republic. If you will be driving on the motorway (**dálnice**), you need to buy a road tax disc (**známka**) from a service station (**čerpací stanice** or **benzínová pumpa**) or post office. You can buy one which is valid for a week, a month or a year, depending on the length of your stay. It must be displayed on your windscreen and you must keep the other section with your car registration documents.

It's best to park in designated car parks, particularly in Prague. There are three large car parks on the way into Prague, all situated near underground stations. They are cheap and open all night.

Note that the Czech Republic operates a zero tolerance policy on drink driving.

## Expressing yourself

**where can I find a service station?**
kde najdu čerpací stanici?
*kde naydoo cherpatsee stanyeetse?*

**lead-free petrol, please**
naturál (bezolovnatý benzín), prosím
*natooral (bezolovnatee benzeen), proseem*

**how much is it per litre?**
kolik stojí litr?
*koleek stoyee leetr?*

**we got stuck in a traffic jam**
stáli jsme v zácpě
*stalee ysme v zatspye*

**is there a garage near here?**
je tady někde autoopravna?
*ye tadee nyekde a-ooto opravna?*

**the battery's dead**
došla mi baterie
*doshla mee batereeye*

**can you help us to push the car?**
můžete nám pomoct tlačit auto?
*moozhete nam pomotst tlacheet a-ooto?*

**I've broken down**
mám poruchu
*mam porookhoo*

**we've run out of petrol**
došel nám benzín
*doshel nam benzeen*

**I've got a puncture and my spare tyre is flat**
píchl *(m)*/píchla *(f)* jsem, a rezervní kolo je prázdné
*peekhl/peekhla ysem, a rezervnyee kolo ye prazdne*

**I've lost my car keys**
ztratil *(m)*/ztratila *(f)* jsem klíče od auta
*ztratyeel/ztratyeela ysem kleeche od a-oota*

**we've just had an accident**
právě jsme měli nehodu
*pravye ysme mnyelee nehodoo*

**how long will it take to repair?**
jak dlouho bude trvat oprava?
*yak dlo-ooho boode trvat oprava?*

### ◆ Hiring a car

**I'd like to hire a car for a week**
chtěl *(m)*/chtěla *(f)* bych si půjčit auto na týden
*khtyel/khtyela beekh see pooycheet a-ooto na teeden*

**an automatic (car)**
(auto) s automatickým řazením
*(a-ooto) s a-ootomateetskeem rzhazenyeem*

**I'd like to take out comprehensive insurance**
chtěl *(m)*/chtěla *(f)* bych uzavřít havarijní pojištění
*khtyel/khtyela beekh oozavrzheet havareeynee poyeeshtyenyee*

### ◆ Getting a taxi

**is there a taxi rank near here?**
je tu někde stanoviště taxi?
*ye too nyekde stanoveeshtye taksee?*

**I'd like to go to ...**
chtěl (m)/chtěla (f) bych jet do/na ...
*khtyel/khtyela beekh yet do/na ...*

**I'd like to book a taxi for 8pm**
chtěl (m)/chtěla (f) bych taxi na osmou hodinu
*khtyel/khtyela beekh taksee na osmo-oo hodyeenoo*

**you can drop me off here, thanks**
tady mi zastavte, prosím
*tadee mee zastavte, proseem*

**how much will it be to go to the airport?**
kolik to bude stát na letiště?
*koleek to boode stat na letyeeshtye?*

### ◆ Hitchhiking

**I'm going to ...**
jedu do/na ...
*yedoo do/na ...*

**can you drop me off here?**
mohl (m)/mohla (f) byste mi zastavit tady?
*mohl/mohla beeste mee zastaveet tadee?*

**could you take me as far as ...?**
mohl (m)/mohla (f) byste mě dovézt až do ...?
*mohl/mohla beeste mnye dovezt azh do ...?*

**thanks for the lift**
děkuji za svezení
*dyekoojee za svezenyee*

**we hitched a lift**
jeli jsme stopem
*yelee ysme stopem*

**TRAVELLING**

32

## Understanding

| | |
|---|---|
| **obsazeno** | full *(car park)* |
| **ostatní tranzit** | other directions |
| **parkovací automat** | parking meter |
| **parkoviště** | car park |
| **půjčovna aut** | car hire |
| **uschovejte si lístek** | keep your ticket |
| **volná místa** | spaces *(car park)* |
| **zákaz parkování** | no parking |
| **zařaďte se do spravného pruhu** | get in lane |
| **zpomalte** | slow |

**potřebuji váš řidičský průkaz, průkaz totožnosti, potvrzení o bydlišti a vaši kreditní kartu**
I'll need your driving licence, another form of ID, proof of address and your credit card

**tady je 2 000 korun kauce**
there's a 2,000-koruna deposit

**dobrá, nastupte, dovezu vás až do/na ...**
OK, get in, I'll take you as far as …

TRAVELLING

November, January and February are the cheapest and quietest months to visit, but also the coldest! Hotels have star ratings as in the UK. You can make bookings by phone or fax, or online. Czech hotel staff usually speak some English or German. On arrival, you will be asked to fill in a form with your passport details. If you are paying by credit card, the receptionist will take an imprint of your card and then cancel it after everything is paid for. Prices shown include VAT (**DPH**) as well as breakfast.

The cheapest option is often to stay in a youth hostel or to rent a flat. Addresses can be found in tourist offices or at railway stations.

Czechs are often happy to organize house-swaps (for example, they will stay at your home in the UK while you stay at theirs in the Czech Republic).

There are also numerous campsites.

## The basics

| | |
|---|---|
| **bath** | vana *vana* |
| **bathroom** | koupelna *ko-oopelna* |
| **bathroom with shower** | koupelna se sprchou *ko-oopelna se sprkho-oo* |
| **bed** | postel *postel* |
| **bed and breakfast** | nocleh se snídaní *notslekh se sneedanyee* |
| **cable television** | kabelová televize *kabelova televeeze* |
| **campsite** | kemping *kemping* |
| **caravan** | karavan *karavan* |
| **cottage** *(for weekends and holidays)* | chata *khata*, chalupa *khaloopa* |
| **double bed** | dvojlůžko *dvoyloozhko* |
| **double room** | dvojlůžkový pokoj *dvoyloozhkovee pokoy* |
| **en-suite bathroom** | s koupelnou *s ko-oopelnoloo* |
| **family room** | pokoj pro rodinu *pokoy pro rodyeenoo* |

| | |
|---|---|
| flat | byt *beet* |
| full-board | plná penze *plna penze* |
| fully inclusive | všechno v ceně *vshekhno v tsenye* |
| half-board | polopenze *polopenze* |
| hotel | hotel *hotel* |
| key | klíč *kleech* |
| rent | pronájem *pronayem* |
| self-catering | ubytování/pokoj s vlastním stravováním *oobeetovanyee/pokoy s vlastnyeem stravovanyeem* |
| shower | sprcha *sprkha* |
| single bed | jednolůžko *yednoloozhko* |
| single room | jednolůžkový pokoj *yednoloozhkovee pokoy* |
| tenant | nájemník *nayemnyeek* |
| tent | stan *stan* |
| toilets | toalety, záchody *toaletee, zakhodee* |
| youth hostel | mládežnická ubytovna *mladezhnyeetska oobeetovna* |
| to book | rezervovat *rezervovat* |
| to rent | pronajmout *pronaymo-oot* |
| to reserve | rezervovat *rezervovat* |

## Expressing yourself

**I have a reservation**
mám rezervaci
*mam rezervatsee*

**the name's ...**
na jméno ...
*na ymeno ...*

**do you take credit cards?**
můžu platit kreditní kartou?
*moozhoo platyeet kredeetnyee karto-oo?*

## Understanding

| | |
|---|---|
| **nepovolaným vstup zakázán** | private |
| **obsazeno** | full |
| **recepce** | reception |
| **toalety** | toilets |
| **volné pokoje** | vacancies |

**můžete mi ukázat pas?**
could I see your passport, please?

**můžete vyplnit tento formulář?**
could you fill in this form?

# HOTELS

## Expressing yourself

**do you have any vacancies?**
máte volné pokoje?
*mate volne pokoye?*

**for three nights**
na tři noci
*na trzhee notsee*

**how much is a double room per night?**
kolik stojí dvojlůžkový pokoj za noc?
*koleek stoyee dvoyloozhkovee pokoy za nots?*

**I'd like to reserve a double room/a single room**
chtěl (m)/chtěla (f) bych rezervovat dvojlůžkový/jednolůžkový
pokoj
*khtyel/khtyela beekh rezervovat dvoyloozhkovee/yednoloozhkovee pokoy*

**would it be possible to stay an extra night?**
je možné zůstat ještě jednu noc?
*ye mozhne zoostat yeshtye yednoo nots?*

**do you have any rooms available for tonight?**
máte na dnes večer volné pokoje?
*mate na dnes vecher volne pokoye?*

**do you have any family rooms?**
máte pokoje pro rodinu?
*mate pokoye pro rodyeenoo?*

**could I see the room first?**
můžu se na ten pokoj podívat?
*moozhoo se na ten pokoy podyeevat?*

**would it be possible to add an extra bed?**
je možné dostat přistýlku?
*ye mozhne dostat przheesteelkoo?*

**do you have anything bigger/quieter?**
nemáte větší/méně hlučný?
*nemate vyetshee/menye hloochnee?*

**that's fine, I'll take it**
je to dobré, vezmu si ho
*ye to dobre, vezmoo see ho*

**is breakfast included?**
je snídaně v ceně?
*ye snyeedanye v tsenye?*

**could you recommend any other hotels?**
mohl *(m)*/mohla *(f)* byste mi doporučit jiný hotel?
*mohl/mohla beeste mee doporoocheet yeenee hotel?*

**what time do you serve breakfast?**
v kolik hodin se podává snídaně?
*v koleek hodyeen se podava snyeedanye?*

**is the hotel near the centre of town?**
je hotel blízko centra?
*ye hotel bleezko tsentra?*

**what time will the room be ready?**
kdy bude pokoj připravený?
*kdee boode pokoy przheepravenee?*

**where is the lift?**
kde je výtah?
*kde ye veetakh?*

**the key for room …, please**
klíč od pokoje …, prosím
*kleech od pokoye …, proseem*

**could I have an extra blanket?**
můžu dostat ještě jednu deku?
*moozhoo dostat yeshtye yednoo dekoo?*

**the air conditioning isn't working**
klimatizace nefunguje
*kleematyeezatse nefoongooye*

## Understanding

**ne, je mi líto, máme plno**
I'm sorry, but we're full

**na kolik nocí?**
how many nights is it for?

**máme jen jednolůžkový pokoj**
we only have a single room available

**jaké je vaše jméno, prosím?**
what's your name, please?

**zaregistrovat se můžete od dvanácti hodin**
check-in is from midday

**pokoje musí být uvolněné před polednem**
you have to check out before 11am

**snídaně se podává od sedmi třiceti do devíti hodin**
breakfast is served between 7.30 and 9.00

**budete si ráno přát noviny?**
would you like a newspaper in the morning?

**váš pokoj ještě není připraven**
your room isn't ready yet

**zavazadla si můžete nechat tady**
you can leave your bags here

# YOUTH HOSTELS

### Expressing yourself

**do you have space for two people for tonight?**
máte místo pro dvě osoby na dnes večer?
*m<u>a</u>te m<u>ee</u>sto pro dvye osobee na dnes vecher?*

**we've booked two beds for three nights**
zarezervovali jsme si dvě lůžka na tři noci
*zarezervovalee ysme see dvye l<u>oo</u>zhka na trzhee notsee*

**could I leave my backpack at reception?**
můžu si nechat batoh na recepci?
*m<u>oo</u>zhoo see nekhat batokh na retseptsee?*

**do you have somewhere we could leave our bikes?**
můžeme si tady někde nechat kola?
*m<u>oo</u>zheme see tadee nyekde nekhat kola?*

**I'll come back for it around 7 o'clock**
přijdu si pro něj kolem sedmé hodiny
*przh<u>ee</u>ydoo see pro nyey kolem sedme hodyeenee*

| | |
|---|---|
| **there's no hot water**<br>neteče teplá voda<br>*neteche tep<u>la</u> voda* | **the kitchen sink's blocked**<br>dřez neodtéká<br>*drzhez neodt<u>e</u>ka* |

### Understanding

| | |
|---|---|
| **máte členskou kartu?**<br>do you have a membership card? | **lůžkoviny vám poskytneme**<br>bed linen is provided |

**hostel bude otevřen od osmnácti hodin**
the hostel reopens at 6pm

**hostel je otevřen od 8.00 do 22.00 hodin**
the hostel is open from 8am to 10pm

## SELF-CATERING

### Expressing yourself

**we're looking for somewhere to rent near the town centre**
hledáme pronájem v blízkosti centra
*hledame pronayem v bleezkostyee tsenta*

**where do we pick up/leave the keys?**
kde máme vyzvednout/nechat klíče?
*kde mame veezvedno-oot/nekhat kleeche?*

**is electricity included in the price?**
je elektřina v ceně?
*ye elektrzheena v tsenye?*

**are bed linen and towels provided?**
poskytujete lůžkoviny a ručníky?
*poskeetooyete loozhkoveenee a roochnyeekee?*

**is a car necessary?**
je potřeba auto?
*ye potrzheba a-ooto?*

**is there a pool?**
je tam bazén?
*ye tam bazen?*

**is the accommodation suitable for elderly people?**
odpovídá ubytování potřebám starších lidí?
*odpoveeda oobeetovanyee potrzhebam starsheekh leedyee?*

**where is the nearest supermarket?**
kde je nejbližší supermarket?
*kde ye neybleezhshee soopermarket?*

### Understanding

**před odjezdem nezapomeňte, prosím, dům uklidit**
please leave the house clean and tidy when you leave

39

**je zcela zařízený/vybavený**
it's fully furnished/equipped
**všechno je v ceně**
everything is included in the price

**v této oblasti se bez auta neobejdete**
you really need a car in this part of the country

# CAMPING

## Expressing yourself

**is there a campsite near here?**
je tu blízko kemping?
*ye too bleezko kempeeng?*

**I'd like to book a space for a two-person tent for three nights**
chtěl *(m)*/chtěla *(f)* bych rezervovat místo pro stan pro dvě osoby
na tři noci
*khtyel/khtyela beekh rezervovat meesto pro stan pro dvye osobee na trzhee notsee*

**how much is it a night?**
jaká je cena za noc?
*yaka ye tsena za nots?*

**where is the shower block?**
kde jsou sprchy?
*kde yso-oo sprkhee?*

**can we pay, please? we were at space …**
chtěl *(m)*/chtěla *(f)* bych zaplatit – byli jsme v …
*khtyel/khtyela beekh zaplatyeet – beelee ysme v …*

## Understanding

**stojí to … na den a na osobu**
it's … per person per night

**přijďte se zeptat, pokud budete cokoli potřebovat**
if you need anything, just come and ask

# EATING AND DRINKING

There is a large choice of eating establishments in the Czech Republic. Bar-restaurants (**hospoda**) often serve food from 11am right through to the evening. However, they tend to close quite early (between 10 and 10.30pm). Czechs do not spend long over meals and often have just one course (which could be a starter, a main course or a dessert). In tourist areas, menus are printed in several languages, including English. The weight of portions and price are given next to each dish.

Prices do not include tips. It is customary to leave a tip of about 10% of the total bill. You should give this directly to the waiter or waitress, rather than leaving it on the table. All pubs have table service. There is no "going to the bar" and you settle your bill at the end.

Czechs usually drink draught beer (**točené pivo**) with meals. If you ask for water, you will always be served a bottle of mineral water. Traditional Czech coffee is served black and has a thick sediment – for a change, try a Viennese coffee (coffee with whipped cream on top) or an Algerian coffee (laced with an egg-based liqueur).

## The basics

| | |
|---|---|
| **beer** | pivo *peevo* |
| **bill** | účet *oochet* |
| **black coffee** | (černá) káva *(cherna) kava* |
| **bottle** | láhev *lahev* |
| **bread** | chléb *khleb* |
| **breakfast** | snídaně *snyeedanye* |
| **coffee** | káva *kava* |
| **Coke®** | coca-cola *koka-kola* |
| **dessert** | dezert *dezert*, moučník *mo-oochnyeek* |
| **dinner** | večeře *vecherzhe* |
| **fruit juice** | džus *dzhoos* |
| **lemonade** | limonáda *leemonada* |
| **lunch** | oběd *obyed* |

| | |
|---|---|
| **main course** | hlavní jídlo *hlavnyee yeedlo* |
| **menu** | jídelní lístek *yeedelnyee leestek* |
| **mineral water** | minerální voda *meeneralnyee voda* |
| **red wine** | červené víno *chervene veeno* |
| **rosé wine** | růžové víno *roozhove veeno* |
| **salad** | salát *salat* |
| **sandwich** | sendvič *sendveech* |
| **service** | obsluha *obslooha* |
| **sparkling** *(water)* | perlivá *perleeva* |
| **sparkling** *(wine)* | šumivé *shoomeeve* |
| **starter** | předkrm *przhedkrm* |
| **still** *(water)* | neperlivá *neperleeva* |
| **supper** | večeře *vecherzhe* |
| **tea** | čaj *chay* |
| **tip** | spropitné *spropeetne* |
| **water** | voda *voda* |
| **white coffee** | káva s mlékem *kava s mlekem* |
| **white wine** | bílé víno *beele veeno* |
| **wine** | víno *veeno* |
| **wine list** | vinný lístek *veennee leestek* |
| **to eat** | jíst *yeest* |
| **to have breakfast** | snídat *snyeedat* |
| **to have dinner/supper** | večeřet *vecherzhet* |
| **to have lunch** | obědvat *obyedvat* |
| **to order** | objednat si *obyednat see* |

## Expressing yourself

**shall we go and have something to eat?**
nepůjdeme si dát něco k jídlu?
*nepooydeme see dat nyetso k yeedloo?*

**do you want to go for a drink?**
nezajdeme si na skleničku?
*nezaydeme see na sklenyeechkoo?*

**can you recommend a good restaurant?**
mohl *(m)*/mohla *(f)* byste nám doporučit nějakou restauraci?
*mohl/mohla beeste nam doporoocheet nyeyako-oo resta-ooratsee?*

**I'm not very hungry**
nemám velký hlad
*nem<u>a</u>m ve<u>lk</u>ee hlad*

**cheers!**
na zdraví!
*na zdrav<u>ee</u>!*

**excuse me!** *(to call the waiter)*
prosím vás!
*pros<u>ee</u>m v<u>a</u>s!*

**that was lovely**
bylo to výborné
*b<u>ee</u>lo to v<u>ee</u>borne*

**could you bring us an ashtray, please?**
mohl *(m)*/mohla *(f)* byste nám přinést popelník?
*mohl/mohla beeste n<u>a</u>m przh<u>ee</u>n<u>e</u>st popelny<u>ee</u>k?*

**where are the toilets, please?**
kde jsou toalety, prosím vás?
*kde yso-oo t<u>o</u>aletee, pros<u>ee</u>m v<u>a</u>s?*

EATING AND DRINKING

### Understanding

**na místě**                          to eat here
**s sebou**                           takeaway

**lituji, po jedenácté hodině jídlo nepodáváme**
I'm sorry, we stop serving at 11pm

# RESERVING A TABLE

### Expressing yourself

**I'd like to reserve a table for tomorrow evening**
chtěl *(m)*/chtěla *(f)* bych rezervovat stůl na zítra večer
*kht<u>y</u>el/kht<u>y</u>ela beekh rezervovat st<u>oo</u>l na z<u>ee</u>tra vecher*

**for two people**
pro dvě osoby
*pro dvye <u>o</u>sobee*

**around 8 o'clock**
kolem osmé hodiny
*kolem osm<u>e</u> hodyeenee*

**do you have a table available any earlier than that?**
nemáte volný stůl dříve?
*nem<u>a</u>te vol<u>ne</u>e st<u>oo</u>l drzh<u>ee</u>ve?*

**❢❙❡**

**I've reserved a table – the name's …**
rezervoval *(m)*/rezervovala *(f)* jsem stůl – na jméno …
*rezervoval/rezervovala ysem stool – na ymeno …*

## Understanding

**réservé**
reserved

**na kolikátou hodinu?**
for what time?

**pro kolik osob?**
for how many people?

**na jméno?**
what's the name?

**kuřáci, nebo nekuřáci?**
smoking or non-smoking?

**máte rezervaci?**
do you have a reservation?

**vyhovuje vám tenhle stůl v rohu?**
is this table in the corner OK for you?

**je mi líto, ale teď máme plno**
I'm afraid we're full at the moment

# ORDERING FOOD

## Expressing yourself

**yes, we're ready to order**
ano, máme vybráno
*ano, mame veebrano*

**no, could you give us a few more minutes?**
ne, dáte nám ještě pár minut?
*ne, date nam yeshtye par meenoot?*

**I'd like …**
chtěl *(m)*/chtěla *(f)* bych …
*khtyel/khtyela beekh …*

**could I have …?**
můžu dostat …?
*moozhoo dostat …?*

**I'm not sure, what's "knedlíky"?**
nevím, co jsou "knedlíky"?
*neveem, tso yso-oo "knedleekee"?*

**I'll have that**
tak já si to dám
*tak ya see to dam*

**does it come with vegetables?**
podává se k tomu zeleninová příloha?
*podava se k tomoo zelenyeenova przheeloha?*

**what are today's specials?**
jaká je nabídka dne?
*yaka ye nabeedka dne?*

**what desserts do you have?**
jaké máte dezerty?
*yake mate dezertee?*

**a bottle of water, please**
láhev vody, prosím
*lahev vodee, proseem*

**a bottle of red/white wine**
láhev červeného/bílého vína
*lahev cherveneho/beeleho veena*

**that's for me**
to je pro mě
*to ye pro mnye*

**this isn't what I ordered, I wanted …**
tohle jsem si neobjednal *(m)*/neobjednala *(f)*, chtěl *(m)*/chtěla *(f)*
jsem …
*tohle ysem see neobyednal/neobyednala, khtyel/khtyela ysem …*

**could we have some more bread, please?**
mohli bychom dostat ještě chleba?
*mohlee beekhom dostat yeshtye khleba?*

**could you bring us another bottle of water, please?**
mohl *(m)*/mohla *(f)* byste nám přinést ještě jednu láhev vody?
*mohl/mohla beeste nam przheenest yeshtye yednoo lahev vodee?*

**the same again, please**
ještě jednou, prosím
*yeshtye yedno-oo, proseem*

EATING AND DRINKING

## Understanding

**máte vybráno?**
are you ready to order?

**lituji, … už nemáme**
I'm sorry, we don't have any … left

**přijdu za chvíli**
I'll come back in a few minutes

**co si dáte k pití?**
what would you like to drink?

45

**přejete si dezert nebo kávu?**
would you like dessert or coffee?

**bylo všechno v pořádku?**
was everything OK?

# BARS AND CAFÉS

## Expressing yourself

**I'd like …**
chtěl (m)/chtěla (f) bych …
*khtyel/khtyela beech …*

**a glass of white/red wine**
skleničku bílého/červeného vína
*sklenyeechkoo beeleho/cherveneho veena*

**a black/white coffee**
černou kávu/kávu s mlékem
*cherno-oo kavoo/kavoo s mlekem*

**a coffee and an apple pie**
kávu a jablečný závin
*kavoo a yablechnee zaveen*

**a large beer**
velké pivo
*velke peevo*

**a Coke®/a diet Coke®**
coca-colu/lehkou colu
*koka-koloo/lehkko-oo koloo*

**a cup of tea with milk/lemon**
čaj s mlékem/citrónem
*chay s mlekem/tsyeetronem*

**a cup of hot chocolate**
horkou čokoládu
*horko-oo chokoladoo*

**a small beer**
malé pivo
*male peevo*

## Understanding

**nealkoholický** non-alcoholic

**co si přejete?**
what would you like?

**tady je nekuřácký prostor**
this is the non-smoking area

**můžu vás požádat o zaplacení?**
could I ask you to pay now, please?

> **Some informal expressions**
>
> **zajít si na skleničku** to go for a quick one
> **být namol/mít opici** to be plastered
> **mít kocovinu** to have a hangover
> **přejedl** (m)/**přejedla** (f) **jsem se** I've eaten too much

# THE BILL

## Expressing yourself

**the bill, please**
zaplatím/zaplatíme, prosím
*zaplatyeem/zaplatyeeme, proseem*

**how much do I owe you?**
kolik platím?
*koleek platyeem?*

**do you take credit cards?**
můžu platit kreditní kartou?
*moozhoo platyeet kredeetnyee karto-oo?*

**I think there's a mistake in the bill**
myslím, že je v účtu chyba
*meesleem, zhe ye v oochtoo kheeba*

**is service included?**
je obsluha v ceně?
*ye obslooha v tsenye?*

## Understanding

**platíte dohromady?**
are you all paying together?

**každý zvlášť?**
do you each want to pay separately?

**ano, obsluha je v ceně**
yes, service is included

Czechs tend to eat quickly. Breakfast (**snídaně**) is often substantial and features cold meats. Lunch (**oběd**) is always soup (even in summer), followed by a main course. Many people do not have a long lunch break and eat in about 15 minutes. They often have a snack (**svačina**) around 4pm. Dinner (**večeře**) is eaten quite early, between 6 and 7pm. It may be all sweet (for example **lívance**, a type of small pancake) or all savoury. On special occasions, however (parties, birthdays and so on), people do enjoy taking their time over a longer and more varied meal.

## Understanding

| | |
|---|---|
| **čerstvý** | fresh |
| **dobře propečený** | well done, cooked through |
| **dušený** | stewed, steamed |
| **grilovaný** | grilled |
| **kořeněný** | spiced |
| **kousky** | in pieces |
| **krvavý** | rare *(meat)* |
| **nadívaný** | stuffed |
| **nepříliš propečený** | medium *(meat)* |
| **obalovaný** | coated, wrapped |
| **opečený** | roasted |
| **osmahnutý** | browned |
| **pečený** | roasted, baked |
| **plátky** | in slices |
| **plněný** | stuffed |
| **pyré** | puréed, mashed |
| **smažený** | fried |
| **studený** | cold |
| **sušený** | dried |
| **tavený** | melted; processed *(cheese)* |
| **uzený** | smoked |
| **vařený** | boiled |

### ◆ **studené a teplé předkrmy** cold and hot starters

| | |
|---|---|
| **hlávkový salát** | lettuce |
| **moravská klobása** | Moravian sausage |
| **rajčatový salát** | tomato salad |
| **ruské vejce** | egg mayonnaise |
| **šunka v aspiku** | ham in aspic, jellied ham |
| **šunkové závitky se šlehačkou a křenem** | rolled ham, stuffed with whipped cream and horseradish |

### ◆ **polévky** soups

| | |
|---|---|
| **bramborová polévka** | potato soup |
| **česneková polévka** | garlic soup |
| **hovězí vývar s játrovými knedlíčky** | soup with boiled beef and small liver dumplings |
| **zeleninová polévka** | vegetable soup |
| **zelná polévka s klobásou** | cabbage soup with sausage |

### ◆ **hlavní jídla** main dishes

| | |
|---|---|
| **hovězí guláš** | beef goulash |
| **pečená husa** | roast goose |
| **pstruh na roštu** | grilled trout |
| **smažený sýr** | fried cheese |
| **smažený vepřový řízek** | Wiener schnitzel (of pork) |
| **svíčková na smetaně s brusinkami** | sirloin in cream sauce with cranberries |
| **telecí pečeně na houbách** | roasted veal and mushrooms |
| **vepřová pečeně se zelím** | roast pork with cabbage |

### ◆ **přílohy** side dishes

| | |
|---|---|
| **bramboráky** | potato pancakes |
| **bramborový salát** | potato salad |
| **knedlíky** | dumplings *(served in thick slices)* |
| **pečivo** | bread; rolls; pastries |

### ◆ **moučníky/zákusky** desserts, puddings

| | |
|---|---|
| **jablečný závin** | apple strudel |
| **lívanečky s borůvkami a šlehačkou** | bilberry flapjacks and whipped cream |

| | |
|---|---|
| **ovocný knedlík s tvarohem** | fruit dumpling and cottage cheese |
| **palačinky** | pancakes |
| **zmrzlinový pohár** | bowl of ice cream |

◆ **nápoje** drinks

Beer (**pivo**) is the Czech national drink. Most Czech beers are lagers (**světlé pivo** or **ležák**). Black beer (**černé pivo**), a bit like stout, but not as heavy, is also popular. Some people like **řezané**, which is a mix of two beers. Beer is usually served in half-litre glasses, but you can ask for a small beer (**malé pivo**). All are served on tap. Some bars even brew their own beer (for example in Brno in Moravia). The best-known makes include **Plzeňský Prazdroj** (Plzen), **Budvar** (Ceské Budejovice) and **Staropramen** (Prague). Wine (**víno**) is also popular, particularly in the Moravia region which is famous for its vineyards.

It is common to have an after-dinner drink, such as **becherovka** (a plant-based drink made to a secret recipe), **slivovice** (plum brandy) or **vaječný likér** (liqueur made with egg yolks). Mulled wine (**svařené víno**) is very popular in winter.

# GLOSSARY OF FOOD AND DRINK

**ananas** pineapple
**banán** banana
**bažant** pheasant
**biftek** steak *(often fillet)*
**bílý chléb** white bread
**bramborová kaše** mashed potatoes
**bramborová polévka** potato soup
**bramborový salát** potato salad
**brambory** potatoes
**broskev** peach
**bylinný čaj** herbal tea

**celer** celery
**chlebíčky** open sandwiches *(Scandinavian-style)*
**cibule** onion
**citrón** lemon
**cukr** sugar
**čaj** tea
**černý chléb** black bread
**česnek** garlic
**čočka** lentil
**čokoláda** chocolate
**divočák** wild boar
**dort** cake *(large)*

**drůbež** poultry
**džus (ovocný)** (fruit) juice
**fazole** beans
**fazolové lusky** bean pods
**gulášová polévka** goulash soup
**hlavní jídlo** main course
**hořčice** mustard
**houby** mushrooms
**hovězí guláš** beef goulash
**hovězí (maso)** beef
**hovězí vývar se zeleninou**
  beef soup with vegetables
**hovězí vývar s nudličkami**
  beef soup with vermicelli
**hrachová polévka** pea soup
**hranolky** chips, French fries
**hrášek** peas
**husa** goose
**jablko** apple
**jahoda** strawberry
**játra** liver
**jazyk** tongue
**jehněčí (maso)** lamb
**jogurt** yogurt
**kachna** duck
**kapr** carp
**kapusta** kale
**kapusta (růžičková)** Brussels
  sprouts
**karbanátky** rissoles
**kedluben** kohl-rabi
**klobása** sausage
**kobliha** doughnut
**koláč** cake
**kompot** preserved fruit; tinned
  fruit; stewed fruit
**králík** rabbit
**kreveta** scampi
**krůta** turkey

**křen** horseradish
**kukuřice** maize, corn
**kukuřičné vločky** cornflakes
**květák** cauliflower
**kysaná smetana** sour cream
**kysané zelí** sauerkraut
**kýta** joint (of meat)
**ledvinky** kidney
**likér** liqueur
**lilek** aubergine
**limonáda** lemonade
**losos** salmon
**majonéza** mayonnaise
**mák** poppy seed
**malina** raspberry
**mandarinka** mandarin
**mandle** almond
**máslo** butter
**maso** meat
**med** honey
**meloun** melon
**meruňka** apricot
**mléko** milk
**mleté maso** mincemeat
**mouka** flour
**mrkev** carrot
**nudličky** thin noodles, vermicelli
**ocet** vinegar
**okurka** cucumber; gherkin
**okurkový salát** cucumber salad
**olej** oil
**olivy** olives
**omáčka** sauce
**omeleta** omelette
**ovoce** fruit
**ovocné knedlíky** fruit dumplings
**ovocný koláč** fruit cake
**paprika** paprika; pepper (red,
  green)

**párek** two frankfurter sausages
**paštika** pâté
**pažitka** chives
**pepř** pepper *(ground)*
**petržel** parsley
**pivo** beer
**plněné papriky** stuffed peppers
**polévka** soup
**pomeranč** orange
**pomerančový džus** orange juice
**pomfrity** chips, French fries
**pórek** leek
**předkrm** starter, first course
**pstruh** trout
**ragú** ragout, stew
**rajčatový salát** tomato salad
**rajče/rajské jablko** tomato
**roštěná** entrecôte steak
**rozinky** raisins, currants
**ryba** fish
**rybí polévka** fish soup
**rýže** rice
**ředkvička** radish
**řízek** schnitzel, escalope
**salám** salami
**salát** salad
**skopové (maso)** mutton
**sladký** sweet
**slaný** salted
**smažený kapr** fried carp
**smažený řízek** (fried) schnitzel
**smetana** cream
**smetanová zmrzlina** (rich) ice cream
**sůl** salt
**sýr** cheese
**šlehačka** whipped cream

**špenát** spinach
**štika** pike
**šunka** ham
**švestka** plum
**telecí (maso)** veal
**těsto** dough; batter; pastry
**těstoviny** pasta
**tmavý chléb** brown bread
**točené pivo** draught beer
**tvaroh** cottage cheese
**tvarohový koláč** cheesecake
**tvrdý tvaroh** hard version of cottage cheese
**uzeniny** smoked meats
**vajíčko** egg
**vajíčko na měkko** soft-boiled egg
**vajíčko na tvrdo** hard-boiled egg
**vanilka** vanilla
**vejce** egg
**vepřové kotlety** pork chops
**vepřové (maso)** pork
**víno (hroznové)** (grape) wine
**vlašský ořech** walnut
**zajíc** hare
**zapékané těstoviny s uzeným masem** pasta bake with smoked meat
**zavařenina** (fruit) preserve
**zelenina** vegetables
**zeleninová polévka** vegetable soup
**zelí** cabbage
**zelná polévka** cabbage soup
**zmrzlina** ice cream
**zvěřina** game
**žampióny** button mushrooms
**žloutek** egg yolk

# GOING OUT

Music is very important to the Czechs, and it would be a shame to visit the Czech Republic without hearing a baroque concert in a castle or church, or an opera at Prague's National Opera House. You should respect the custom by dressing smartly: a suit and tie for men, evening dress for women. There may be information on programmes at your hotel, or visit the tourist office (**Informační centrum**), often situated in the town hall in small towns. Details are also given in local newspapers.

Czechs often meet up with friends in the evening for a beer in a **hospoda** (bar or pub which also serves food). If you are invited to somebody's house, it is considered polite to bring something you can share (a bottle of wine or some cakes, for example). People usually remove their shoes when entering a house – your host will provide you with a pair of slippers (**bačkůrky**). Dinner is eaten early, often at around 6pm. The evening usually ends around 11pm.

## The basics

| | |
|---|---|
| **ballet** | balet *balet* |
| **band, group** | skupina *skoopeena* |
| **bar** | bar *bar* |
| **cinema** | kino *keeno* |
| **circus** | cirkus *tseerkoos* |
| **classical music** | klasická/vážná hudba<br>*klaseetska/vazhna hoodba* |
| **club** | klub *kloob* |
| **concert** | koncert *kontsert* |
| **dubbed film** | dabovaný film *dabovanee feelm* |
| **festival** | festival *festeeval* |
| **film** | film *feelm* |
| **folk music** | folklórní hudba *folklornyee hoodba* |
| **modern dance** | moderní tanec *modernyee tanets* |
| **musical** | muzikál *moozeekal* |
| **party** | večírek *vecheerek* |

| | |
|---|---|
| **play** | hra *hra* |
| **pop music** | populární hudba *popoolarnyee hoodba* |
| **rock music** | rocková hudba *rokova hoodba* |
| **show** | představení *przhedstavenyee* |
| **subtitled film** | film s titulky *feelm s teetoolkee* |
| **theatre** | divadlo *dyeevadlo* |
| **ticket** | vstupenka *vstoopenka* |
| **to book** | rezervovat *rezervovat* |
| **to play** | hrát *hrat* |

# SUGGESTIONS AND INVITATIONS

## Expressing yourself

**where can we go?**
kam můžeme jít?
*kam moozheme yeet?*

**shall we go for a drink?**
půjdeme na skleničku?
*pooydeme na sklenyeechkoo?*

**what do you want to do?**
co chceš *(sg)*/chcete *(pl, sg polite)* dělat?
*tso khtsesh/khtsete dyelat?*

**what are you doing tonight?**
co děláš *(sg)*/děláte *(pl, sg polite)* dnes večer?
*tso dyelash/dyelate dnes vecher?*

**do you have plans?**
máš *(sg)*/ máte *(pl, sg polite)* něco v plánu?
*mash/mate nyetso v planoo?*

**would you like to ...?**
chceš *(sg)*/chcete *(pl, sg polite)* ...?
*khtsesh/khtsete ...?*

**we were thinking of going to ...**
mysleli jsme jít do/na ...
*meeslelee ysme yeet do/na ...*

**I can't today, but maybe some other time**
dnes nemůžu, snad někdy jindy
*dnes nemoozhoo, snad nyedkee yeendee*

**I'm not sure I can make it**
nevím, jestli budu moct
*neveem, yestlee boodoo motst*

**I'd love to**
s radostí
*s radostyee*

# ARRANGING TO MEET

## Expressing yourself

**what time shall we meet?**
v kolik hodin se sejdeme?
*v koleek hodyeen se seydeme?*

**where shall we meet?**
kde se sejdeme?
*kde se seydeme?*

**would it be possible to meet a bit later?**
bylo by možné sejít se o něco později?
*beelo bee mozhne seyeet se o nyetso pozdyeyee?*

**I have to meet … at nine**
v devět hodin se mám sejít s ...
*v devyet hodyeen se mam seyeet s ...*

**I don't know where it is but I'll find it on the map**
nevím, kde to je, ale najdu si to na mapě
*neveem, kde to ye, ale naydoo see to na mapye*

**see you tomorrow night**
nashledanou zítra večer
*nas-hledano-oo zeetra vecher*

**I'll meet you later, I have to stop by the hotel first**
přijdu za vámi později, musím se nejdřív stavit v hotelu
*przheeydoo za vamee pozdyeyee, mooseem se neydrzheev staveet v hoteloo*

**I'll call/text you if there's a change of plan**
zavolám/pošlu SMSku, pokud bude změna programu
*zavolam/poshloo esemeskoo, pokood boode zmnyena programoo*

**are you going to eat beforehand?**
budeš po jídle?
*boodesh po yeedle?*

**sorry I'm late**
promiň *(sg)*/promiňte *(pl, sg polite)*, že jdu pozdě
*promeeny/promeenyte, zhe ydoo pozdye*

## Understanding

**hodí se ti to?**
is that ok with you?

**přijdu pro tebe kolem osmé hodiny**
I'll come and pick you up about 8

**sejdeme se přímo tam**
I'll meet you there

**sejdeme se před ...**
we can meet outside ...

**dám ti telefonní číslo, zavolej mi zítra**
I'll give you my number and you can call me tomorrow

---

**Some informal expressions**

**dát/vypít si skleničku** to have a drink
**něco si zakousnout** to have a bite to eat
**půjdeme na pivo?** shall we go for a beer?
**co se hraje v divadle/v kině?** what's on at the theatre/cinema?
**mám rande s ...** I have a date with ...

---

# FILMS, SHOWS AND CONCERTS

### Expressing yourself

**is there a guide to what's on?**
je nějaký kulturní přehled?
*ye nyeyakee kooltoornyee przhehled?*

**I'd like three tickets for ...**
chtěl (m)/chtěla (f) bych tři vstupenky na ...
*khtyel/khtyela beekh trzhee vstoopenkee na ...*

**two tickets, please**
dva lístky, prosím
*dva leestkee, proseem*

**it's called ...**
jmenuje se to ...
*ymenooye se to ...*

**what time does it start?**
kdy to začíná?
*kdee to zacheena?*

**I've seen the trailer**
viděl (m)/viděla (f) jsem reklamu
*veedyel/veedyela ysem reklamoo*

**I'd like to go and see a show**
chtěl (m)/chtěla (f) bych jít na nějaké představení
*khtyel/khtyela beekh yeet na nyeyake przhedstavenyee*

**I'll find out whether there are still tickets available**
půjdu se podívat, jestli ještě mají lístky
*pooydoo se podyeevat, yestlee yeshtye mayee leestkee*

**how long is it on for?**
dokdy se to hraje?
*dokdee se to hraye?*

**do we need to book in advance?**
je třeba rezervovat předem?
*ye trzheba rezervovat przhedem?*

**are there tickets for another day?**
jsou lístky na jiný den?
*yso-oo leestkee na yeenee den?*

**I'd like to go to a bar with some live music**
chtěl (m)/chtěla (f) bych jít do baru poslechnout si živou hudbu
*khtyel/khtyela beekh yeet do baroo poslekhno-oot see zheevo-oo hoodboo*

**are there any free concerts?**
jsou koncerty zdarma/s volným vstupem?
*yso-oo kontsertee zdarma/s volneem vstoopem?*

**what sort of music is it?**
jaký je to hudební žánr?
*yakee ye to hoodebnyee zhanr?*

## Understanding

| | |
|---|---|
| **matiné** | matinée |
| **místa se špatnou viditelností** | restricted view |
| **pokladna** | box office |
| **rezervace** | bookings |
| **trhák** | blockbuster |
| **v kinech od ...** | on general release from ... |

| | |
|---|---|
| **je to koncert v plenéru** | **kritiky jsou velmi příznivé** |
| it's an open-air concert | it's had very good reviews |

**hraje se od osmi hodin v Lucerně**
it's on at 8pm at the Lucerna

**toto představení je vyprodané**
that showing's sold out

**je vyprodáno až do ...**
it's all booked up until …

**není třeba rezervovat předem**
there's no need to book in advance

**hra trvá s přestávkou hodinu a půl**
the play lasts an hour and a half, including the interval

**vypněte si, prosím, mobilní telefony**
please turn off your mobile phones

# PARTIES AND CLUBS

### Expressing yourself

**I'm having a little leaving party tonight**
dnes večer pořádám malý večírek na rozloučenou
*dnes vecher porzhadam malee vecheerek na rozlo-oocheno-oo*

**should I bring something to drink?**
mám přinést něco k pití?
*mam przheenest nyetso k peetyee?*

**we could go to a club afterwards**
potom můžeme jít na diskotéku
*potom moozheme yeet na deeskotekoo*

**do you have to pay to get in?**
platí se vstupné?
*platyee se vstoopne?*

**I have to meet someone inside**
musím jít za někým dovnitř
*mooseem yeet za nyekeem dovnyeetrzh*

**will you let me back in when I come back?**
pustíte mě dovnitř, až se budu vracet?
*poostyeete mnye dovnyeetrzh, azh se boodoo vratset?*

**the DJ's really cool**
diskžokej je fakt perfektní/super
*deeskzhokey ye fakt perfektnyee/sooper*

**do you come here often?**
chodíš sem často?
*khodyeesh sem chasto?*

**can I buy you a drink?**
můžu tě *(sg)*/vás *(pl, sg polite)* pozvat na skleničku?
*moozhoo tye/vas pozvat na sklenyeechkoo?*

**thanks, but I'm here with my boyfriend**
děkuji, ale jsem tady s přítelem
*dyekooyee, ale ysem tadey s przheetelem*

**no thanks, I don't smoke**
ne, děkuji, nekouřím
*ne, dyekooyee, neko-oorzheem*

## Understanding

dvě stě korun po půlnoci — 200 koruny after midnight
konzumace zdarma — free drink
šatna — cloakroom

u Zuzky je večírek
there's a party at Zuza's place

smím prosit
may I have the next dance?

nemáš oheň?
have you got a light?

uvidíme se ještě?
can we see each other again?

chceš si zatancovat?
do you want to dance?

nechceš něco k pití?
can I buy you a drink?

nemáš cigaretu?
have you got a cigarette?

můžu tě *(sg)*/vás *(pl, sg polite)* doprovodit?
can I see you home?

# TOURISM AND SIGHTSEEING

ⓘ

Every region has its own local newspaper, in which you can find the opening hours for castles, museums and so on. Prague has a monthly "what's on" guide called **Přehled kulturních pořadů**.

There are many castles and fortresses to visit in the Czech Republic. These are normally open to the public from April to September/October, Tuesday to Sunday. Visits are always by guided tour.

Saying that you are a foreign student is normally enough to grant you student discounts to tourist attractions. It is rare to be asked to show your student card, but you should take it with you just in case.

## The basics

| | |
|---|---|
| ancient | starý *staree* |
| antique | starobylý *starobeelee* |
| area | čtvrť *chtvrty* |
| castle | hrad *hrad* |
| château | zámek *zamek* |
| cathedral | katedrála *katedrala* |
| century | století *stoletyee* |
| church | kostel *kostel* |
| exhibition | výstava *veestava* |
| gallery | galerie *galeriye* |
| modern art | moderní umění *modernyee oomnyenyee* |
| museum | muzeum *moozeoom* |
| painting | malířství *maleerzhstvee* |
| park | park *park* |
| ruins | zřícenina *zrzheetsenyeena* |
| sculpture | sochařství *sokharzhstvee* |
| statue | socha *sokha* |
| street map | plán města *plan mnyesta* |

| **synagogue** | synagoga *seenagoga* |
| **tour guide** | průvodce *pr**oo**vodtse* |
| **tourist** | turista *t**oo**reesta* |
| **tourist information** | turistické informační centrum |
| **centre** | *t**oo**reesteetsk**e** informachny**ee** tsentroom* |
| **town centre** | centrum *tsentroom* |

## Expressing yourself

**I'd like some information on …**
chtěl *(m)*/chtěla *(f)* bych nějaké informace o …
*khty**e**l/khty**e**la beekh ny**e**yak**e** informatse o …*

**can you tell me where the tourist information centre is?**
kde najdu turistické informační centrum?
*kde n**a**ydoo t**oo**reesteetsk**e** informachny**ee** tsentroom?*

**do you have a street map of the town?**
máte plán města?
*m**a**te pl**a**n mny**e**sta?*

**I was told there's an old abbey you can visit**
slyšel *(m)*/slyšela *(f)* jsem, že je tu staré opatství, které je možno
navštívit
*sl**ee**shel/sl**ee**shela ysem, zh**e** ye too op**a**tstv**ee**, kt**e**re ye mozhno n**a**vshty**ee**veet*

**can you show me where it is on the map?**
můžete mi to ukázat na mapě?
*m**oo**zhete mee to **oo**k**a**zat na mapye?*

| **how do you get there?** | **is it free?** |
| jak se tam dostanu? | je to zdarma? |
| *y**a**k se tam d**o**stanoo?* | *ye to zd**a**rma?* |

## Understanding

| **barokní** | baroque |
| **gotický** | Gothic |
| **jste zde** | you are here *(on a map)* |
| **otevřeno** | open |

TOURISM, SIGHTSEEING

61

| | |
|---|---|
| **prohlídka s průvodcem** | guided tour |
| **rekonstrukce/renovace** | renovation |
| **restaurace** | restoration work |
| **románský** | Roman |
| **secesní** | Art Nouveau |
| **staré město** | old town |
| **středověký** | medieval |
| **válka** | war |
| **vpád** | invasion |
| **vstup zdarma** | admission free |
| **zavřeno** | closed |

**musíte se informovat na místě**
you'll have to ask when you get there

**další prohlídka začíná ve 14 hodin**
the next guided tour starts at 2 o'clock

# MUSEUMS, EXHIBITIONS AND MONUMENTS

## Expressing yourself

**I've heard there's a very good exhibition on ... at the moment**
teď je prý velmi zajímavá výstava ...
*tedy ye pree velmee zayeemava veestava ...*

**how much is it to get in?**
kolik stojí vstupné?
*koleek stoyee vstoopne?*

**is it open on Sundays?**
je otevřeno v neděli?
*ye otevrzheno v nedyelee?*

**is this ticket valid for the exhibition as well?**
je vstupenka platná i na výstavu?
*ye vstoopenka platna ee na veestavoo?*

**are there any discounts for young people?**
jsou slevy pro mládež?
*yso-oo slevee pro mladezh?*

**two concessions and one full price, please**
dva lístky se slevou a jeden plný tarif
*dva leestkee se slevo-oo a yeden plnee tareef*

**I have a student card**
mám studentskou průkazku
*m**a**m st**oo**dentsko-oo pr**oo**kazkoo*

TOURISM, SIGHTSEEING

## Understanding

| | |
|---|---|
| **audioprůvodce** | audioguide |
| **nedotýkejte se, prosím** | please do not touch |
| **pokladna** | ticket office |
| **směr prohlídky** | this way |
| **stálá expozice** | permanent exhibition |
| **ticho, prosím** | silence, please |
| **výstava** | temporary exhibition |
| **zákaz fotografování** | no photography |
| **zákaz fotografování s bleskem** | no flash photography |

**vstup do muzea stojí ...**
admission to the museum costs …

**s touto vstupenkou můžete i na výstavu**
this ticket also allows you access to the exhibition

**máte studentskou průkazku?**
do you have your student card?

# GIVING YOUR IMPRESSIONS

### Expressing yourself

**it's beautiful**
je to nádherné
*ye to n**a**dhern**e***

**it was beautiful**
bylo to nádherné
*b**ee**lo to n**a**dhern**e***

**it's fantastic**
je to skvělé
*ye to skvyel**e***

**it was fantastic**
bylo to skvělé
*b**ee**lo to skvyel**e***

**I really enjoyed it**
moc se mi to líbilo
*m**o**ts se mee to l**ee**beelo*

**I didn't like it that much**
moc se mi to nelíbilo
*m**o**ts se mee to nel**ee**beelo*

63

**it was a bit boring**
bylo to trochu nudné
*beelo to trokhoo noodne*

**I'm not really a fan of modern art**
nejsem příznivcem moderního umění
*neysem przheeznyeevtsem modernyeeho oomnyenyee*

**it's expensive for what it is**
je to příliš drahé na to, co to je
*ye to przheeleesh drahe na to, co to ye*

**it was really crowded**
bylo tam strašně moc lidí
*beelo tam strashnye mots leeyee*

**it's very touristy**
je to turistická atrakce
*ye to tooreesteetska atraktse*

**we didn't go in the end, the queue was too long**
nakonec jsme tam nešli, byla tam moc velká fronta
*nakonets ysme tam neshlee, beela tam mots velka fronta*

**we didn't have time to see everything**
neměli jsme čas všechno si prohlédnout
*nemnyelee ysme chas vshekhno see prohledno-oot*

## Understanding

| | |
|---|---|
| **malebný** | picturesque |
| **slavný** | famous |
| **tradiční** | traditional |
| **typický** | typical |

**určitě se musíš/musíte jít podívat na ...**
you really must go and see …

**doporučuji jít/jet do/na ...**
I recommend going to …

**je tam nádherný výhled na celé údolí**
there's a wonderful view over the whole city

**stalo se to turisticky vyhledávaným místem**
it's become a bit too touristy

**krajina byla úplně zničena**
the region has been completely ruined

# SPORTS AND GAMES

Sport is very popular in the Czech Republic. The Czechs are great football fans, with **Sparta** and **Slavia** the best-known teams. The most popular sport in the country, however, is ice hockey. Even small towns hold regular friendly matches, and nobody misses the annual television coverage of the world ice hockey championships. Many other sports are also shown on Czech TV (such as volleyball, football and tennis).

The country is surrounded by mountains which offer hiking in summer (for example in Šumava National Park, a UNESCO World Heritage Site) and skiing in winter (both cross-country and downhill). In summer, you can also go canoeing or kayaking.

The Czech Republic also has its very own sport, known as **nohejbal**. This is similar to volleyball except that the players must kick the ball over the net, which is about the height of a tennis net. In addition, an international motorcycle Grand Prix is held in Brno in Moravia in August.

## The basics

| | |
|---|---|
| **ball** | *(large)* míč *meech*; *(small)* míček *meechek* |
| **basketball** | basketbal *basketbal* |
| **board game** | společenská hra *spolechenska hra* |
| **cards** | karty *kartee* |
| **chess** | šachy *shakhee* |
| **cross-country skiing** | běh na lyžích *byekh na leezheekh* |
| **cycling** | jízda na kole *yeezda na kole* |
| **downhill skiing** | sjezd na lyžích *syezd na leezheekh* |
| **football** | fotbal *fotbal*, kopaná *kopana* |
| **hiking path** | turistická stezka *tooreesteetska stezka* |
| **match** | zápas *zapas* |
| **mountain biking** | jízda na horském kole *yeezda na horskem kole* |
| **pool** *(game)* | kulečník *koolechnyeek* |
| **rugby** | rugby *roogbee* |

65

| | |
|---|---|
| **snowboarding** | jezdit na snowboardu *yezdyeet na sno-oobordoo* |
| **sport** | sport *sport* |
| **surfing** | jezdit na surfu *yezdyeet na soorfoo* |
| **swimming** | plavání *plavanyee* |
| **swimming pool** | bazén *bazen* |
| **table football** | stolní fotbal *stolnyee fotbal* |
| **tennis** | tenis *tenees* |
| **trip** | výlet *veelet* |
| **to go cross-country skiing** | jezdit na běžkách *yezdyeet na byezhkakh* |
| **to go downhill skiing** | jezdit na sjezdovkách *yezdyeet na syezdovkakh* |
| **to go hiking** | chodit na túry *khodyeet na tooree* |
| **to go mountain biking** | jezdit na horském kole *yezdyeet na horskem kole* |
| **to have a game of ...** | hrát ... *hrat ...* |
| **to play** | hrát *hrat* |
| **to ski, to go skiing** | lyžovat *leezhovat* |

## Expressing yourself

**I'd like to hire ... for an hour**
chtěl (m)/chtěla (f) bych si na hodinu půjčit ...
*khtyel/khtyela beekh see na hodyeenoo pooycheet ...*

**are there ... lessons available?**
je možné vzít si hodiny ...?
*ye mozhne vzeet see hodyeenee ...?*

**how much is it per person per hour?**
kolik stojí hodina na osobu?
*koleek stoyee hodyeena na osoboo?*

**I'm not very sporty**
nejsem moc sportovně založený (m)/založená (f)
*neysem mots sportovnye zalozhenee/zalozhena*

**I've never done it before**
nikdy jsem to nedělal (m)/nedělala (f)
*nyeekdee ysem to nedyelal/nedyelala*

**I've done it once or twice, a long time ago**
zkoušel *(m)*/zkoušela *(f)* jsem to jednou nebo dvakrát, už je to dlouho
*zko-ooshel/zko-ooshela ysem to yedno-oo nebo dvakrat, uzh ye to dlo-ooho*

**I'm exhausted!**
už nemůžu!
*uzh nemoozhoo!*

**I'd like to go and watch a football match**
rád *(m)*/ráda *(f)* bych se šel *(m)*/šla *(f)* podívat na fotbalový zápas
*rad/rada beekh se shel/shla podyeevat na fotbalovee zapas*

**shall we stop for a picnic?**
nezastavíme se na piknik?
*nezastaveeme se na peekneek?*

**we played …**
hráli jsme …
*hralee ysme …*

## Understanding

**půjčovna …** … for hire

**umíte to trochu, nebo jste úplný začátečník?**
do you have any experience, or are you a complete beginner?

**musíte složit kauci ve výši …**
there is a deposit of …

**pojištění stojí … a je povinné**
insurance is compulsory and costs …

# HIKING

### Expressing yourself

**are there any hiking paths around here?**
jsou tady turistické stezky?
*yso-oo tadee tooreesteetske stezhkee?*

**can you recommend any good walks in the area?**
jakou túru byste nám tady v okolí doporučil *(m)*/doporučila *(f)*?
*yako-oo tooroo beeste nam tadee v okolee doporoocheel /doporoocheela?*

**I've heard there's a nice walk by the lake**
podél břehu jezera je prý velmi příjemná procházka
*podel brzhehoo yezera ye pree velmee przheeyemna prokhazka*

**we're looking for a short walk somewhere round here**
dá se jít tady poblíž na malou procházku?
*da se yeet tadee pobleezh na malo-oo prokhazkoo?*

**can I hire hiking boots?**
můžu si půjčit sportovní boty?
*moozhoo see pooycheet sportovnyee botee?*

**how long does the hike take?**
jak dlouho ten výlet trvá?
*yak dlo-ooho ten veelet trva?*

**is it very steep?**
je velké stoupání?
*ye velke sto-oopanyee?*

**where's the start of the path?**
kde stezka začíná?
*kde stezhka zacheena?*

**is the path waymarked?**
je cesta značená?
*ye tsesta znachena?*

**is it a circular path?**
je cesta okružní?
*ye tsesta okroozhnyee?*

## Understanding

**průměrná doba (cesty)**　　　average duration *(of walk)*

**cesta trvá asi tři hodiny včetně přestávek**
it's about three hours' walk including rest stops

**nepromokavou bundu a sportovní obuv s sebou**
bring a waterproof jacket and some walking shoes

# SKIING AND SNOWBOARDING

## Expressing yourself

**I'd like to hire skis, sticks and boots**
chtěl *(m)*/chtěla *(f)* bych si půjčit lyže, hůlky a lyžařské boty
*khtyel/khtyela beekh see pooycheet leezhe, hoolkee a leezharzhke botee*

**I'd like to hire a snowboard**
chtěl (m)/chtěla (f) bych si půjčit snowboard
*khtyel/khtyela beekh see poojcheet sno-oobord*

**they're too big/small**
jsou moc velké/malé
*yso-oo mots velke/male*

**a day pass**
permanentka na den
*permanentka na den*

**I'm a complete beginner**
jsem úplný začátečník
*ysem ooplnee zachatechnyeek*

## Understanding

| | |
|---|---|
| kotouč, kotva | T-bar, button lift |
| permanentka, předplatné | lift pass |
| sedačková lanovka | chair lift |
| vlek | ski lift |

# OTHER SPORTS

## Expressing yourself

**where can we hire bikes?**
kde je možné půjčit si kola?
*kde ye mozhne see poojcheet kola?*

**are there any cycle paths?**
jsou tady cyklistické stezky?
*yso-oo tadee tseekleesteetske stezhkee?*

**does anyone have a football?**
nemá někdo fotbalový míč?
*nema nyekdo fotbalovee meech?*

**I support ...**
fandím ...
*fandyeem ...*

**which team do you support?**
kterému týmu fandíš/fandíte?
*kteremoo teemoo fandyeesh/fandyeete?*

**is there an open-air swimming pool?**
je tady plovárna?
*ye tadee plovarna?*

**I run for half an hour every morning**
každé ráno půl hodiny běhám
*kazhde rano pool hodyeenee byeham*

**what do I do if the kayak capsizes?**
co mám dělat, když se kajak převrátí?
*tso mam dyelat, kdeezh se kayak przhevratyee?*

## Understanding

**blízko nádraží je tenisový kurt**
there's a public tennis court not far from the station

**tenisový kurt je už obsazený**
the tennis court's occupied

**už jste jel** *(m)*/**jela** *(f)* **na koni?**
is this the first time you've been horse-riding?

**umíš** *(sg)*/**umíte** *(pl)* **plavat?**
can you swim?

**umíš** *(sg)*/**umíte** *(pl)* **hrát basket?**
do you play basketball?

# INDOOR GAMES

## Expressing yourself

**shall we have a game of cards?**
dáme si partičku karet?
*dame see partyeechkoo karet?*

**does anyone know any good card games?**
zná někdo dobrou karetní hru?
*zna nyekdo dobro-oo karetnyee hroo?*

**is anyone up for a game of Monopoly®?**
chce si se mnou někdo zahrát Monopoly?
*khtse see se mno-oo nyekdo zahrat Monopolee?*

**it's your turn**
hra je na tobě *(sg)*/**vás** *(pl, sg polite)*
*hra ye na tobye/vas*

## Understanding

**umíš** *(sg)*/**umíte** *(pl, sg polite)* **hrát šachy?**
do you know how to play chess?

**máš** *(sg)*/**máte** *(pl, sg polite)* **karty?**
do you have a pack of cards?

---

**Some informal expressions**

**do toho, do toho, do toho!** here we go, here we go, here we go!
**my chceme gól** give us a goal!
**soudce ven!** off with the ref!
**úplně mě rozdrtil** he totally thrashed me
**jsem vyřízený** I'm absolutely knackered
**no tak!** come on!

---

# SHOPPING

Shops are open from 7 or 8am to 6 or 6.30pm, usually from Monday to Friday and Saturday mornings. Opening hours are, however, more flexible in the tourist areas of Prague. In the run-up to Christmas, shops tend to stay open later and may even be open on Sundays.

Small, specialist shops are more common than supermarkets. Prague has some typically Czech department stores such as **Kotva** (open every day with late-night shopping on Thursdays) and **Bílá labut'**. Shopping centres are beginning to spring up on the outskirts of big cities.

You will find small grocers' shops (**potraviny**) in all towns. When buying products by weight, such as cold meats or cheese, you should give the amount you want in decagrams (units of 10 grams: **deka(gram)**, abbreviated to **dkg**, eg 50 dkg = 500 g). It is customary to take a basket or trolley, even if you don't buy anything.

Markets are held from Monday to Saturday. They sell fruit, vegetables, flowers and clothes. Clothes sizes are European (see Conversion tables, p 190).

Prices always include VAT (**DPH**). Credit cards are accepted in most large stores, although small grocers' shops only take cash.

The currency is the Czech **koruna** (**Kč**), divided into a hundred **haléř**.

You will hear prices given in two ways, either with or without the currency: for example, 75.50 would be **sedmdesát pět korun a padesát haléřů** *sedmdesat pyet koroon a padesat halerzhoo* or **sedmdesát pět padesát** *sedmdesat pyet padesat*.

### Some informal expressions

**to je zlodějina!** that's a rip-off
**nemám ani halíř/vindru/floka** I'm skint
**je to neskutečně drahé** it costs an arm and a leg
**to je zadarmo** it costs nothing
**to je krádež za bílého dne** that's daylight robbery
**dostaneš to za pusinku/za hezké oči** you can get it for a song

## The basics

| | |
|---|---|
| bakery | pekařství *pekarzhstvee* |
| butcher's | řeznictví *rzheznyeetsvee* |
| cash desk, checkout | pokladna *pokladna* |
| cheap | levný *levnee*, laciný *latseenee* |
| clothes | oblečení *oblechenyee* |
| department store | obchodní dům *obkhodnyee doom* |
| expensive | drahý *drahee* |
| gram | gram *gram* |
| greengrocer's | ovoce a zelenina *ovotse a zelenyeena* |
| hypermarket | hypermarket *heepermarket* |
| kilo | kilo *keelo* |
| present | dárek *darek* |
| price | cena *tsena* |
| receipt | účtenka *oochtenka* |
| sales | výprodej *veeprodey* |
| sales assistant | prodavač *(m)*/prodavačka *(f)* *prodavach/ prodavachka* |
| shop | obchod *obkhod* |
| shopping centre | nákupní centrum *nakoopnyee tsentroom* |
| souvenir | suvenýr *soovenyeer* |
| supermarket | supermarket *soopermarket* |
| to buy | kupovat/koupit *koopovat/ko-oopeet* |
| to cost | stát *stat* |
| to pay | platit/zaplatit *platyeet/zaplatyeet* |
| to refund | vracet/vrátit peníze *vratset/vratyeet penyeeze* |
| to sell | prodávat/prodát *prodavat/prodat* |

## Expressing yourself

**is there a supermarket near here?**
je tady někde blízko supermarket?
*ye tadee nyekde bleezko soopermarket?*

**where can I buy cigarettes?**
kde se dají koupit cigarety?
*kde se dayee ko-oopeet tseegaretee?*

**I'd like …**
chtěl *(m)*/chtěla *(f)* bych …
*khtyel/khtyela beekh …*

**I'm looking for …**
sháním …
*s-hanyeem …*

**do you sell …?**
máte …?
*mate …?*

**do you know where I might find some …?**
nevíte, kde bych dostal *(m)*/dostala *(f)* …?
*neveete, kde beekh dostal/dostala …?*

**can you order it for me?**
můžete mi to objednat?
*moozhete mee to obyednat?*

**how much is this?**
kolik stojí tohle?
*koleek stoyee tohle?*

**I'll take it**
vezmu si to
*vezmoo see to*

**that's everything, thanks**
to je všechno, děkuji
*to ye vshekhno, dyekooyee*

**I haven't got much money**
nemám moc peněz
*nemam mots penyez*

**I haven't got enough money**
nemám dost peněz
*nemam dost penyez*

**can I have a (plastic) bag?**
dal *(m)*/dala *(f)* byste mi (igelitovou) tašku?
*dal/dala beeste mee (eegeleetovo-oo) tashkoo?*

**you've made a mistake with my change**
spletl *(m)*/spletla *(f)* jste se při vracení peněz
*spletl/spletla yste se przhee vratsenyee penyez*

## Understanding

| | |
|---|---|
| **nabídka/sleva** | special offer |
| **otevřeno od … do …** | open from … to … |
| **v neděli zavřeno** | closed Sundays |
| **výprodej** | sales |
| **zavřeno od 12 do 14h** | closed 12 to 2 pm |
| **další přání?**<br>will there be anything else? | **chcete tašku?**<br>would you like a bag? |

# PAYING

### Expressing yourself

**where do I pay?**
kde můžu zaplatit?
*kde moozhoo zaplatyeet?*

**how much do I owe you?**
kolik platím?
*koleek platyeem?*

**could you write it down for me, please?**
můžete mi to napsat, prosím vás?
*moozhete mee to napsat, proseem vas?*

**can I pay by credit card?**
můžu platit kreditní kartou?
*moozhoo platyeet kredeetnyee karto-oo?*

**I'll pay in cash**
platím v hotovosti
*platyeem v hotovostyee*

**can I have a receipt?**
můžu dostat účtenku?
*moozhoo dostat oochtenkoo?*

**I'm sorry, I haven't got any change**
nemám bohužel drobné
*nemam bohoozhel drobne*

### Understanding

**plaťte u pokladny**
pay at the cash desk

**jak platíte?**
how would you like to pay?

**nemáte menší (bankovky)?**
do you have anything smaller?

**tady se podepište, prosím**
could you sign here, please?

**váš průkaz totožnosti, prosím**
have you got any ID?

# FOOD

## Expressing yourself

**where can I buy food around here?**
kde se tady dají koupit potraviny?
*kde se tadee dayee ko-oopeet potraveenee?*

**is there a market?**
je tady trh?
*ye tadee trkh?*

**is there a bakery around here?**
je tady někde pekařství?
*ye tadee nyekde pekarzhstvee?*

**I'm looking for the cereal aisle**
hledám cereální produkty
*hledam tserealnyee prodooktee*

**I'd like five slices of ham**
chtěl *(m)*/chtěla *(f)* bych pět plátků šunky
*khyel/khtyela beekh pyet platkoo shoonkee*

**I'd like some of that goat's cheese**
chtěl *(m)*/chtěla *(f)* bych kousek tohoto kozího sýra
*khtyel/khtyela beekh ko-oosek tohoto kozeeho seera*

**about 300 grams**
asi třicet deka
*asee trzheetset deka*

**it's for four people**
je to pro čtyři osoby
*ye to pro chteerzhe osobee*

**a kilo of apples, please**
kilo jablek, prosím
*keelo yablek, proseem*

**a bit less/more**
trochu víc/míň
*trokhoo veets/meeny*

**can I taste it?**
můžu ochutnat?
*moozhoo okhootnat?*

## Understanding

**místní speciality**

local specialities

| | |
|---|---|
| **bio/biologický** | organic |
| **domácí** | homemade |
| **spotřebujte do ...** | use by ... |
| **lahůdky** | delicatessen |

**trh je každý den do třinácti hodin**
there's a market every day until 1pm

**na rohu ulice je koloniál a má otevřeno dlouho do noci**
there's a grocer's just on the corner that's open late

# CLOTHES

**Expressing yourself**

**I'm looking for the menswear section**
hledám pánské oddělení
*hledam panske oddyelenyee*

**no thanks, I'm just looking**
ne, děkuji, jen se podívám
*ne, dyekooyee, yen se podyeevam*

**can I try it on?**
můžu si to vyzkoušet?
*moozhoo see to veezko-ooshet?*

**I'd like to try the one in the window**
chtěl (m)/chtěla (f) bych si vyzkoušet ten za výlohou
*khtyel/khtyela beekh see veezko-ooshet ten za veeloho-oo*

**I take a size 39** (in shoes)
mám číslo třicet devět
*mam cheeslo trzheetset devyet*

**where are the changing rooms?**
kde jsou (zkušební) kabiny?
*kde yso-oo (zkooshebnyee) kabeenee?*

**it doesn't fit**
nesedí mi
*nesedyee mee*

**it's too big/small**
je to moc velké/malé
*ye to mots velke/male*

**do you have it in another colour?**
nemáte jinou barvu?
*nemate yeeno-oo barvoo?*

**do you have it in a smaller/bigger size?**
máte větší/menší číslo?
*mate vyetshee/menshee cheeslo?*

**do you have them in red?**
máte je v červené barvě?
*m**a**te ye v cherven**e** barvye?*

**yes, that's fine, I'll take them**
ano, dobře, vezmu si je
*ano, d**o**brzhe, vezmoo see ye*

**no, I don't like it**
ne, nelíbí se mi
*ne, nel**ee**bee se mee*

**I'll think about it**
ještě si to rozmyslím
*y**e**shtye see to r**o**zmeesl**ee**m*

**I'd like to return this, it doesn't fit**
chtěl (m)/chtěla (f) bych tohle vrátit, nesedí mi to
*kht**y**el/kht**y**ela beekh tohle vr**a**tyeet, n**e**sedy**ee** mee to*

**this has a hole in it, can I get a refund?**
je to roztržené, chtěl (m)/chtěla (f) bych zpátky peníze
*ye to r**o**ztrzhene, kht**y**el/kht**y**ela beekh zp**a**tkee peny**ee**ze*

## Understanding

| | |
|---|---|
| zkušební kabiny | changing rooms |
| zboží nakoupené ve výprodeji nebereme zpět | sale items cannot be returned |
| otevřeno v neděli | open Sunday |
| dětské oděvy | children's clothes |
| dámské oděvy | ladieswear |
| pánské oděvy | menswear |
| dámské prádlo | lingerie |

**dobrý den, co si přejete?**
hello, can I help you?

**máme ho jen v modré nebo v černé barvě**
we only have it in blue or black

**máme už jen tuto velikost**
we don't have any left in that size

**padne mi**
it's a good fit

**sluší vám to**
it suits you

**můžete to vrátit, pokud se vám to nehodí**
you can bring it back if you're not satisfied

# SOUVENIRS AND PRESENTS

## Expressing yourself

**I'm looking for a present to take home**
rád (m)/ráda (f) přivezl (m)/přivezla (f) domů nějaký dárek
*r**a**d/r**a**da beekh przh**ee**vezl/przh**ee**vezla dom**oo** ny**e**yak**ee** d**a**rek*

**I'd like something that's easy to transport**
chtěl (m)/chtěla (f) bych něco, co se dá snadno převážet
*kht**yel**/kht**yel**a beekh ny**e**tso, tso se d**a** sn**a**dno przhev**a**zhet*

**it's for a little girl of four**
je to pro čtyřletou holčičku
*ye to pro chteerzhleto-oo holcheechkoo*

**could you gift-wrap it for me?**
můžete mi to zabalit jako dárek?
*m**oo**zhete mee to z**a**baleet y**a**ko d**a**rek?*

## Understanding

| | |
|---|---|
| dřevěný/stříbrný/zlatý/vlněný | made of wood/silver/gold/wool |
| ruční práce | handmade |
| tradiční výrobek | traditionally made product |

**v jaké ceně?**
how much do you want to spend?

**jako dárek?**
is it for a present?

**je to typický krajový výrobek**
it's typical of the region

Buying camera film and having photos developed are both cheaper than in the UK. Prague has lots of photo processing shops, or if you are in a smaller town, supermarkets will often have a photo developing lab.

## The basics

| | |
|---|---|
| **black and white** | černobílý *chernobeelee* |
| **camera** | fotoaparát *fotoaparat*, foťák *fotyak* |
| **colour** | barevný *barevnee* |
| **copy** | exemplář *eksemplarzh* |
| **digital camera** | digitální fotoaparát *deegeetalnyee fotoaparat* |
| **disposable camera** | fotoaparát na jedno použití *fotoaparat na yedno po-oozheetyee* |
| **exposure** | osvit, *osveet*, expozice *ekspozeetse* |
| **film** | film *feelm* |
| **flash** | blesk *blesk* |
| **glossy** | lesklý *lesklee* |
| **matt** | matný *matnee* |
| **memory card** | paměťová karta *pamnyetyova karta* |
| **negative** | negativ *negateev* |
| **passport photo** | pasová fotka *pasova fotka* |
| **photo** | snímek *snyeemek*, fotka *fotka* |
| **photo booth** | fotoautomat *fotoa-ootomat* |
| **photography** | fotografie *fotografeeye* |
| **reprint** | přiobjednávka *przheeobyednavka* |
| **slide** | diapozitiv *deeapozeeteev* |
| **to get photos developed** | dát vyvolat fotky *dat veevolat fotkee* |
| **to take a photo/ photos** | fotit/vyfotit *fotyeet/veefotyeet* |

## Expressing yourself

**could you take a photo of us, please?**
můžete nás vyfotit?
*moozhete nas vyfotyeet?*

**you just have to press this button**
stačí stisknout tenhle knoflík
*stachee styeeskno-oot tenhle knofleek*

**I'd like a 200 ASA colour film**
chtěl *(m)*/chtěla *(f)* bych barevný film dvě stě ASA
*khtyel/khtyela beekh barevnee feelm dvye stye asa*

**do you have black and white films?**
máte černobílé filmy?
*mate chernobeele feelmee?*

**how much is it to develop a film of 36 photos?**
kolik stojí vyvolání filmu s třiceti šesti snímky?
*koleek stoyee veevolanyee feelmoo s trzheetsetyee shestyee snyeemkee?*

**I'd like to have this film developed**
chtěl *(m)*/chtěla *(f)* bych dát vyvolat tenhle film
*khtyel/khtyela beekh dat veevolat tenhle feelm*

**I'd like extra copies of some of the photos**
chtěl *(m)*/chtěla *(f)* bych dát přidělat některé fotky
*khtyel/khtyela beekh dat przheedyelat nyektere fotkee*

**three copies of this one and two of this one**
třikrát tenhle a dvakrát tento
*trzheekrat tenhle a dvakrat tento*

**do you sell memory cards?**
prodáváte paměťové karty?
*prodavate pamnyetyove kartee?*

**can I print my digital photos here?**
můžu si tady (nechat) vytisknout digitální fotky?
*moozhoo see tadee (nekhat) veetyeeskno-oot deegeetalnyee fotkee?*

**can you put these photos on a CD for me?**
můžete mi uložit tyhle fotky na CD?
*moozhete mee oolozheet teehle fotkee na tsede?*

**I've come to pick up my photos**
jdu si pro fotky
*ydoo see pro fotkee*

**I've got a problem with my camera**
mám problém s fotoaparátem
*mam problem s fotoaparatem*

**I don't know what it is**
nevím, co to je
*neveem, tso to ye*

**the flash doesn't work**
blesk nefunguje
*blesk nefoongooye*

## Understanding

| | |
|---|---|
| **expresní servis** | express service |
| **fotky na CD** | photos on CD |
| **standardní formát** | standard format |
| **vyvolání do hodiny** | photos developed in one hour |

**možná došla baterie**
maybe the battery's dead

**máme přístroj pro tisk digitálních fotek**
we have a machine for printing digital photos

**je to na jméno?**
what's the name, please?

**na kdy si je přejete?**
when do you want them for?

**můžeme vám je vyvolat do hodiny**
we can develop them in an hour

**vaše fotky budou hotové ve čtvrtek v poledne**
your photos will be ready on Thursday at noon

PHOTOS

# BANKS

There are cashpoints throughout the Czech Republic, and most take all types of cards; however, you will be charged for cash withdrawals. They usually allow you to make your transactions in a variety of languages. You can also change cash or Travellers Cheques in banks. Banks are usually open from 8 or 9am to 5 or 6pm, Monday to Friday. The exchange rate from Czech crowns back into pounds can be rather disadvantageous once you get home, so it's best to spend your Czech money while you're there or use the bureau de change facility at the airport.

The basic unit of currency is the crown (**koruna**). A pound sterling is **libra**.

---

**Some informal expressions**
**kačka** crown
**prachy** cash

---

## The basics

| | |
|---|---|
| bank | banka *banka* |
| bank account | bankovní konto *bankovnyee konto*, účet *oochet* |
| banknote | bankovka *bankovka* |
| bureau de change | směnárna *smnyenarna* |
| cashpoint | bankomat *bankomat* |
| change | směna *smnyena* |
| cheque | šek *shek* |
| coin | mince *meentse* |
| commission | komisní poplatek *komeesnyee poplatek* |
| credit card | kreditní karta *kredeetnyee karta* |
| money | peníze *penyeeze* |
| PIN (number) | tajný kód *taynee kod*, kód PIN *kod peen* |

| | |
|---|---|
| **transfer** | převod *przhevod*, poukaz *po-ookaz* |
| **Travellers Cheques®** | cestovní šeky *tsestovnyee shekee* |
| **withdrawal** | výběr *veebyer* |
| **to change** | vyměnit *veemnyenyeet* |
| **to withdraw** | vybrat (peníze) *veebrat (penyeeze)* |

## Expressing yourself

**where I can get some money changed?**
kde si můžu vyměnit peníze?
*kde see moozhoo veemnyenyeet penyeeze?*

**are banks open on Saturdays?**
mají banky otevřeno v sobotu?
*mayee bankee otevrzheno v sobotoo?*

**I'm looking for a cashpoint**
hledám bankomat
*hledam bankomat*

**I'd like to change £100**
chtěl (m)/chtěla (f) bych vyměnit sto liber za koruny
*khtyel/khtyela beekh veemnyenyeet sto leeber za koroonee*

**what commission do you charge?**
jaký je komisní poplatek?
*yakee ye komeesnyee poplatek?*

**I'd like to transfer some money**
chtěl (m)/chtěla (f) bych dát příkaz k převodu
*khtyel/khtyela beekh dat przheekaz k przhevodoo*

**I'd like to report the loss of my credit card**
chtěl (m)/chtěla (f) bych nahlásit ztrátu kreditní karty
*khtyel/khtyela beech nahlaseet ztratoo kredeetnyee kartee*

**the cashpoint has swallowed my card**
bankomat mi zadržel kartu
*bankomat mee zadrzhel kartoo*

## Understanding

**zasuňte kartu**
please insert your card

**zadejte PIN**
please enter your PIN number

**zvolte částku výběru**
please select amount for withdrawal

**výběr s potvrzenkou**
withdrawal with receipt

**výběr bez potvrzenky**
withdrawal without receipt

**zvolte požadovanou částku**
please select the amount you require

**mimo provoz**
out of service

# POST OFFICES

Post offices can be identified by their yellow and blue logo. They are usually open from 8am to 4pm, Monday to Friday. There is at least one in each town. Many of them also act as savings banks; signs at each counter show you which services are available there. The central post office in Prague (**Hlavní pošta, Jindřišská 14**) is open until midnight.

There is a single rate for letters and postcards. You can buy stamps in post offices, tobacconists (**trafika**) and souvenir shops. Note that post can take some time to reach its destination. Letter boxes are orange.

## The basics

| | |
|---|---|
| **airmail** | letecky *letetskee* |
| **envelope** | obálka *obalka* |
| **letter** | dopis *dopees* |
| **mail** | pošta *poshta* |
| **parcel** | balík *baleek* |
| **post** | pošta *poshta* |
| **postbox** | poštovní schránka *poshtovnyee skhranka* |
| **postcard** | pohled *pohled*, pohlednice *pohlednyeetse* |
| **postcode** | poštovní směrovací číslo *poshtovnyee smnyerovatsee cheeslo*, PSČ *pe es che* |
| **post office** | pošta *poshta* |
| **stamp** | známka *znamka* |
| **to post** | *(send)* posílat/poslat *poseelat/poslat*; *(put in mailbox)* hodit do schránky *hodyeet do skhranky* |
| **to receive** | dostávat/dostat *dostavat/dostat* |
| **to send** | posílat/poslat *poseelat/poslat* |
| **to write** | psát/napsat *psat/napsat* |

## Expressing yourself

**is there a post office around here?**
je tady někde pošta?
*ye tadee nyekde poshta?*

**is there a postbox near here?**
je tady někde poštovní schránka?
*ye tadee nyekde poshtovnyee skhranka?*

**is the post office open on Saturdays?**
je pošta otevřená v sobotu?
*ye poshta otevrzhena v sobotoo?*

**what time does the post office close?**
v kolik hodin se na poště zavírá?
*v koleek hodyeen se na poshtye zaveera?*

**do you sell stamps?**
prodáváte známky?
*prodavate znamkee?*

**I'd like three stamps for the UK, please**
chtěl (m)/chtěla (f) bych tři známky do Velké Británie, prosím
*khtyel/khtyela beekh trzhee znamkee do velke breetaneeye, proseem*

**how long will it take to arrive?**
za jak dlouho dojde?
*za yak dlo-ooho doyde?*

**where can I buy envelopes?**
kde můžu koupit obálky?
*kde moozhoo ko-oopeet obalkee?*

**is there any post for me?**
je pro mne nějaká pošta?
*ye pro mnye nyeyaka poshta?*

## Understanding

| | |
|---|---|
| **doporučeně** | registered letter |
| **křehké** | fragile |
| **odesílatel** | sender |
| **příjemce** | addressee |
| **schránka se vybírá ...** | collection at … |

**dopis dojde za tři až pět dnů**
the letter will take between three and five days to get there

# INTERNET CAFÉS AND E-MAIL

There are many Internet cafés in the Czech Republic, particularly in big cities. Czechs who do not have Internet access at home usually do at work or school. The QWERTZ keyboard is used.

## The basics

| | |
|---|---|
| at sign | zavináč *zaveenach* |
| computer | počítač *pocheetach* |
| e-mail address | emailová adresa *eemeylova adresa* |
| e-mail | e-mail *eemeyl* |
| Internet café | internetová kavárna *eenternetova kavarna* |
| key | klávesa *klavesa* |
| keyboard | klávesnice *klavesnyeetse* |
| password | heslo *heslo* |
| to copy | kopírovat *kopeerovat* |
| to cut | vyjmout *veeymo-oot* |
| to delete | zrušit *zroosheet* |
| to download | stahovat/stáhnout *stahovat/stahno-oot* |
| to e-mail somebody | emailovat někomu *eemeylovat nyekomoo* |
| to paste | vložit *vlozheet* |
| to receive | dostat *dostat* |
| to save | uložit *oolozheet* |
| to send an e-mail | poslat e-mail *poslat eemeyl* |

## Expressing yourself

**is there an Internet café near here?**
je tady někde internetová kavárna?
*ye tadee nyekde eenternetova kavarna?*

**how do I get online?**
jak dostanu spojení?
*yak dostanoo spoyenyee?*

**do you have an e-mail address?**
máte e-mailovou adresu?
*mate eemeylovo-oo adresoo?*

**I'd just like to check my e-mails**
chtěl *(m)*/chtěla *(f)* bych si jen zkontrolovat email
*khtyel/khtyela beekh see yen zkontrolovat eemeyl*

**would you mind helping me, I'm not sure what to do**
mohl *(m)*/mohla *(f)* byste mi pomoct, nevím, jak to funguje
*mohl/mohla beeste mee pomotst, neveem, yak to foongooye*

**I can't find the at sign on this keyboard**
nemůžu na klávesnici najít zavináč
*nemoozhoo na klavesnyeetsee nayeet zaveenach*

**it's not working**
nefunguje to
*nefoongooye to*

**there's something wrong with the computer, it's frozen**
něco je s počítačem, je zablokovaný
*nyetso ye s pocheetachem, ye zablokovanee*

**how much will it be for half an hour?**
kolik stojí půlhodina spojení?
*koleek stoyee poolhodyeena spoyenyee?*

**when do I pay?**
kde mám zaplatit?
*kde mam zaplatyeet?*

INTERNET CAFÉS, E-MAIL

## Understanding

| | |
|---|---|
| **doručená pošta** | inbox |
| **odeslaná pošta** | outbox |

**musíte si počkat asi dvacet minut**
you'll have to wait for 20 minutes or so

**zeptejte se, jestli si nebudete vědět rady**
just ask if you're not sure what to do

**pro přihlášení zadejte toto heslo**
just enter this password to log on

# TELEPHONE

Public phone boxes are yellow and blue (**Český telecom**). They usually take either coins or cards. Phonecards can be bought at kiosks, or in tobacconists or tourist shops. If you're planning a stay of more than a couple of weeks, it might be better to buy a local package for your mobile from one of the numerous telephone shops. You'll be given a new Sim card and number and you can top up at most cashpoints.

To phone the UK, dial 00 44 followed by the full phone number, minus the first zero of the area code.

The code for the Czech Republic is 00 420. Czech phone numbers have 9 digits and each town has its own area code.

## The basics

| | |
|---|---|
| **answering machine** | záznamník *zaznamnyeek* |
| **call** | hovor *hovor* |
| **directory enquiries** | informace *eenformatse* |
| **hello** | haló *halo* |
| **international call** | mezinárodní hovor *mezeenarodnyee hovor* |
| **local call** | místní hovor *meestnyee hovor* |
| **message** | vzkaz *vzkaz* |
| **mobile** | mobil *mobeel* |
| **national call** | meziměstský hovor *mezeemnyestskee hovor* |
| **phone** | telefon *telefon* |
| **phone book** | telefonní seznam *telefonyee seznam* |
| **phone box** | telefonní kabina *telefonyee kabeena* |
| **phone call** | telefonický hovor *telefoneetskee hovor* |
| **phone number** | telefonní číslo *telefonyee cheeslo* |
| **phonecard** | telefonní karta *telefonyee karta* |
| **ringtone** | zvonění (telefonu) *zvonyenyee (telefonoo)* |
| **telephone** | telefon *telefon* |

| **top-up card** | předplacená karta *przhedplatsenǔ karta* |
| **Yellow Pages®** | Zlaté stránky® *zlate strankee* |
| **to call somebody** | volat/zavolat někomu *volat/zavolat nyekomoo* |
| **to ring** | zvonit *zvonyeet* |

## Expressing yourself

**where can I buy a phonecard?**
kde si můžu koupit telefonní kartu?
*kde see moozhoo ko-oopeet telefonyee kartoo?*

**a phonecard for 200 crowns, please**
telefonní kartu za dvě stě korun, prosím
*telefonyee kartoo za dvye stye koroon, proseem*

**I'd like to make a reverse-charge call**
chtěl *(m)*/chtěla *(f)* bych volat na účet volaného
*khtyel/khtyela beekh volat na oochet volaneho*

**is there a phone box near here, please?**
je tady někde telefonní kabina?
*ye tadee nyekde telefonyee kabeena?*

**is there a socket here? I need to recharge my mobile**
je tady zásuvka? potřebuji si dobít mobil
*ye tadee zasoovka? potrzhebooyee see dobeet mobeel*

**do you have a mobile number?**
máte číslo mobilního telefonu?
*mate cheeslo mobeelnyeeho telefonoo?*

**where can I contact you?**
kam vás můžu přes den volat?
*kam vas moozhoo przhes den volat?*

**did you get my message?**
dostal *(m)*/dostala *(f)* jsi *(sg)*/jste *(pl)* můj vzkaz?
*dostal/dostala ysee/yste mooy vzkaz?*

## Understanding

**číslo, které požadujete, neexistuje**
the number you have dialled has not been recognized

**stiskněte tlačítko křížek**
please press the hash key

# MAKING A CALL

**hello, this is David Brown (speaking)**
haló, tady David Brown
*halo, tadee david brown*

**hello, could I speak to ..., please?**
dobrý den, mohl *(m)*/mohla *(f)* bych mluvit s ...
*dobree den, mohl/mohla beekh mlooveet s ...*

**hello, is that Ivana?**
dobrý den, to je Ivana?
*dobree den, to ye eevana?*

**do you speak English?**
mluvíte anglicky?
*mlooveete angleetskee?*

**could you speak more slowly, please?**
můžete, prosím vás, mluvit pomaleji?
*moozhete, proseem vas, mlooveet pomaleyee?*

**I can't hear you, could you speak up, please?**
neslyším tě *(sg)*/vás *(pl, sg polite)*, můžeš *(sg)*/můžete *(pl, sg polite)* mluvit hlasitěji?
*nesleesheem tye/vas, moozhesh/moozhete mlooveet hlaseetyeyee?*

**could you tell him/her I called?**
můžete mu *(m)*/jí *(f)* vyřídit, že jsem volal *(m)*/volala *(f)*?
*moozhete moo/yee veerzheedyeet, zhe ysem volal/volala?*

**could you ask him/her to call me back?**
můžete mu *(m)*/jí *(f)* vyřídit, aby mi zavolal *(m)*/zavolala *(f)*?
*moozhete moo/yee veerzheedyeet, abee mee zavolal/zavolala?*

**I'll call back later**
zavolám později
*zavolam pozdyeyee*

**my name is ... and my number is ...**
moje jméno je ..., číslo telefonu mám ...
*moye ymeno ye ..., cheeslo telefonoo mam ...*

**do you know when he/she might be available?**
nevíte, kdy ho *(m)*/ji *(f)* můžu sehnat?
*neveete, kdee ho/yee moozhoo sehnat?*

**thank you, goodbye**
děkuji, nashledanou
*dyekooyee, nas-hledano-oo*

## Understanding

**kdo volá?**
who's calling?

**teď tady není**
he's/she's not here at the moment

**chcete mu *(m)*/jí *(f)* nechat vzkaz?**
do you want to leave a message?

**řeknu mu *(m)*/jí *(f)*, že jste volal *(m)*/volala *(f)***
I'll tell him/her you called

**řeknu mu *(m)*/jí *(f)*, aby vám zavolal *(m)*/zavolala *(f)***
I'll ask him/her to call you back

**nezavěšujte**
hold on

**předám vás**
I'll just hand you over to him/her

# PROBLEMS

## Expressing yourself

**I don't know the code**
neznám předčíslí
*neznam przhedcheeslee*

**it's engaged**
je obsazeno
*ye obsazeno*

**there's no reply**
nikdo to nezvedá
*nyeekdo to nezvedą*

**I couldn't get through**
nemohl *(m)*/nemohla *(f)* jsem se dovolat
*nemohl/nemohla ysem se dovolat*

**I don't have much credit left on my phone**
nemám už moc kreditu
*nemąm oozh mots kredeetoo*

**we're about to get cut off**
hovor se brzy přeruší
*hovor se brzee przherooshee*

**the reception's really bad**
spojení je špatné
*spoyenyee ye shpatne*

**I can't get a signal**
tady není signál
*tadee nenyee seegnal*

---

## Understanding

**slyším vás velmi špatně**
I can hardly hear you

**máte špatné číslo**
you've got the wrong number

---

**Common abbreviations**

**tel. zam.** = telefon do zaměstnání work (number)
**tel. domů** = telefon domů home (number)
**mob. tel.** = mobilní telefon mobile (number)

---

**Some informal expressions**

**brnknout** to give somebody a bell
**zavěsit někomu před nosem** to hang up on somebody
**SMSska, textovka** text
**pokec** chat

# HEALTH

Pharmacies have roughly the same opening hours as other shops, although emergency pharmacies are open 24 hours a day, 7 days a week. In an emergency (**záchranná služba**), dial **155**. To find a GP or other doctor, you should visit the local medical centre (**poliklinika**).

You should take out medical insurance before your trip. Keep any receipts and other documentation in order to have the cost of your treatment refunded on your return.

## The basics

| | |
|---|---|
| **allergy** | alergie *alergeeye* |
| **ambulance** | sanitka *sanyeetka* |
| **aspirin** | aspirín *aspeereen* |
| **blood** | krev *krev* |
| **broken** | zlomený *zlomenee* |
| **casualty (department)** | pohotovost *pohotovost* |
| **chemist's** | lékárna *lekarna* |
| **condom** | kondom *kondom* |
| **dentist** | zubař *zoobarzh* |
| **diarrhoea** | průjem *prooyem* |
| **doctor** | lékař *lekarzh*, doktor *doktor* |
| **food poisoning** | otrava (ze zkažených potravin) *otrava (ze zkazheneekh potraveen)* |
| **GP** | praktický/obvodní lékař *prakteetskee/obvodnyee lekarzh* |
| **gynaecologist** | gynekolog *geenekolog* |
| **hospital** | nemocnice *nemotsnyeetse* |
| **infection** | infekce *eenfektse* |
| **medicine** | lék *lek* |
| **painkiller** | utišující lék/analgetikum *ootyeeshooyeetsee lek/analgeteekoom* |
| **periods** | menstruace *menstroo-atse* |
| **plaster** | náplast *naplast* |

| rash | vyrážka *veerazhka* |
| spot | pupínek *poopeenek* |
| sunburn | úpal *oopal* |
| surgical spirit | čistý líh *cheestee leekh* |
| tablet | tableta *tableta* |
| temperature | horečka *horechka*, teplota *teplota* |
| vaccination | očkování *ochkovanyee* |
| x-ray | rentgen *rentgen* |
| to disinfect | dezinfikovat *dezeenfeekovat* |
| to faint | omdlít *omdleet* |
| to vomit | zvracet *zvratset* |

## Expressing yourself

**does anyone have an aspirin/a tampon/a plaster, by any chance?**
nemá někdo náhodou aspirín/tampón/náplast?
*nema nyekdo nahodo-oo aspeereen/tampon/naplast?*

**where can I find a doctor?**
kde můžu sehnat doktora?
*kde moozhoo sehnat doktora?*

**I need to see a doctor**
musím jít k doktorovi
*mooseem yeet k doktorovee*

**I'd like to make an appointment for today**
chtěl *(m)*/chtěla *(f)* bych se objednat na dnešek
*khtyel/khtyela beekh se obyednat na dneshek*

**as soon as possible**
co nejdřív
*tso neydrzheev*

**no, it doesn't matter**
ne, na tom nezáleží
*ne, na tom nezalezhee*

**I've broken my glasses**
rozbily se mi brýle
*rozbeelee se mee breele*

**can you send an ambulance to ...**
můžete poslat sanitku do/na ...?
*moozhete poslat saneetkoo do/na ...*

**I've lost a contact lens**
ztratil *(m)*/ztratila *(f)* jsem kontaktní čočku
*ztratyeel/ztratyeela ysem kontaktnyee chochkoo*

## Understanding

| lékařská ordinace | doctor's surgery |
| pohotovost | casualty department |

**předpis, recept**     prescription

**volný termín je až ve čtvrtek**
there are no available appointments until Thursday

**hodí se vám to v pátek ve čtrnáct hodin?**
is Friday at 2pm ok?

# AT THE DOCTOR'S OR THE HOSPITAL

**I have an appointment with Dr …**
jsem objednán *(m)*/objednána *(f)* u doktora …
*ysem objednan/objednana oo doktora …*

**I don't feel very well**
necítím se dobře
*netseetyeem se dobrzhe*

**I feel very weak**
cítím se velmi slabý *(m)*/slabá *(f)*
*tseetyeem se velmee slabee/slaba*

**I don't know what it is**
nevím, co to je
*neveem, tso to ye*

**I've been bitten by a dog**
pokousal mě pes
*poko-oosal mnye pes*

**I've been bitten/stung by something**
něco mě kouslo/píchlo
*nyetso mnye ko-ooslo/peekhlo*

**I've been stung by a wasp**
píchla mě vosa
*peekhla mnye vosa*

**I've got a headache**
bolí mě hlava
*bolee mnye hlava*

**I've got a sore throat**
bolí mě v krku
*bolee mnye v krkoo*

**I've got toothache/stomachache**
bolí mě zub(y)/břicho
*bolee mnye zoob(ee)/brzheekho*

**my back hurts**
bolí mě záda
*bolee mnye zada*

**it hurts**
bolí to
*bolee to*

**it hurts here**
bolí to tady
*bolee to tadee*

**I feel sick**
je mi nevolno
*ye mee nevolno*

HEALTH

97

**it's got worse**
zhoršilo se to
*zhorsheelo se to*

**it's been three days**
už tři dny
*oozh trzhee dnee*

**it started last night**
začalo to včera v noci
*zachalo to vchera v notsee*

**I've got a temperature**
mám horečku
*mam horechkoo*

**it's never happened to me before**
ještě nikdy se mi to nestalo
*yeshtye nyeekdee se mee to nestalo*

**I have asthma**
mám astma
*mam astma*

**I have a heart condition**
jsem kardiak
*ysem kardeeyak*

**I've been on antibiotics for a week and I'm not getting any better**
už týden beru antibiotika, a nelepší se to
*oozh teeden beroo antyeebeeotyeeka, a nelepshee se to*

**I'm on the pill/the minipill**
beru antikoncepční tablety/minipilulku
*beroo antyeekontsepchnyee tabletkee/meeneepeeloolkoo*

**I'm three months pregnant**
jsem ve třetím měsíci
*ysem ve trzhetyeem mnyeseetsee*

**it itches**
svědí to
*svyedyee to*

**I'm allergic to penicillin**
na penicilín mám alergii
*na peneetseeleen mam alergeeyee*

**I've had a blackout**
omdlel *(m)*/omdlela *(f)* jsem
*omdlel/omdlela ysem*

**I've twisted my ankle**
vymkl *(m)*/vymkla *(f)* jsem si kotník
*veemkl/veemkla ysem see kotnyeek*

**I fell and hurt my back**
spadl *(m)*/spadla *(f)* jsem na záda
*spadl/spadla ysem na zada*

**I've lost a filling**
vypadla mi plomba
*veepadla mee plomba*

**is it serious?**
je to vážné?
*ye to vazhne?*

**is it contagious?**
je to nakažlivé?
*ye to nakazhleev<u>e</u>?*

**how is he/she?**
jak mu/jí je?
*yak moo/y<u>ee</u> ye?*

**how much do I owe you?**
kolik jsem dlužen *(m)*/dlužna *(f)*?
*k*o*leek ysem dl*oo*zhen/dl*oo*zhna?*

**can I have a receipt so I can get the money refunded?**
můžu dostat stvrzenku? chci si dát proplatit výlohy
*m*oo*zhoo d*o*stat stvrzenkoo? khtsee see d*a*t pr*o*platyeet v*ee*lohee*

## Understanding

**počkejte si prosím v čekárně**
if you'd like to take a seat in the waiting room

**kde to bolí?**
where does it hurt?

**nadechněte se zhluboka**
take a deep breath

**lehněte si, prosím**
lie down, please

**bolí vás to, když stisknu tady?**
does it hurt when I press here?

**byl jste očkován *(m)*/byla jste očkována *(f)* proti ...?**
have you been vaccinated against …?

**máte alergii na ...?**
are you allergic to …?

**berete nějaké jiné léky?**
are you taking any other medication?

**napíšu vám předpis**
I'm going to write you a prescription

**za několik dní by to mělo přejít**
it should clear up in a few days

**mělo by se to rychle zahojit**
it should heal quickly

**bude třeba operovat**
you're going to need an operation

# AT THE CHEMIST'S

## Expressing yourself

**I'd like a box of plasters, please**
prosil *(m)*/prosila *(f)* bych náplast
*pr*o*seel/pr*o*seela beekh n*a*plast*

HEALTH

99

### could I have something for a bad cold?
máte něco proti nachlazení?
*mate nyetso protyee nakhlazenyee?*

### I need something for a cough
potřeboval (m)/potřebovala (f) bych něco proti kašli
*potrzheboval/potrzhebovala beekh nyetso protyee kashlee*

### I'm allergic to aspirin
mám alergii na aspirín
*mam alergeeyee na aspeereen*

### I need the morning-after pill
potřebuji postinor
*potrzhebooyee postyeenor*

### I'd like to try a homeopathic remedy
chtěl (m)/chtěla (f) bych homeopatické léky
*khtyel/khtyela beekh homeopateetske lekee*

### I'd like a bottle of solution for soft contact lenses
chtěl (m)/chtěla (f) bych čistící roztok na měkké kontaktní čočky
*khtyel/khtyela beekh cheestyeetsee roztok na mnyeke kontaktnyee chochkee*

## Understanding

| | |
|---|---|
| **čípek** | suppositories |
| **kontraindikace** | contra-indications |
| **krém** | cream |
| **mast** | ointment |
| **možné vedlejší účinky** | possible side effects |
| **pouze na předpis** | available on prescription only |
| **používat** | use *(ointment etc)* |
| **prášek** | powder, tablet(s) |
| **tableta** | tablet |
| **tobolka** | capsule |
| **užívat třikrát denně před jídlem** | take three times a day before meals |

### Some informal expressions

**je mi nanic** I feel rough
**být nachcípaný** to have a stinking cold
**složit se** to pass out

# PROBLEMS AND EMERGENCIES

A single police force deals with all aspects of security. Police officers wear a grey-blue uniform and the traffic police wear white caps.

In an emergency, dial **158** for the police (**policie České republiky**) or **156** for the municipal police (**městská policie**), and **150** for the fire brigade (**hasiči**).

A new central number has recently been introduced, as in all European countries – **112** (**tísňové volání**) can be used for all emergency cases.

## The basics

| | |
|---|---|
| **accident** | nehoda *nehoda* |
| **ambulance** | sanitka *sanyeetka* |
| **broken** | zlomený *zlomenee* |
| **disabled (person)** | invalida *eenvaleeda* |
| **doctor** | lékař *lekarzh*, doktor *doktor* |
| **emergency, casualty** | pohotovost *pohotovost* |
| **fine, penalty** | pokuta *pokoota* |
| **fire brigade** | hasiči *haseechee* |
| **fire** | požár *pozhar* |
| **hospital** | nemocnice *nemotsnyeetse* |
| **ill** | nemocný *nemotsnee* |
| **injured** | raněný *ranyenee* |
| **late** | pozdě *pozdye* |
| **police** | policie *poleetseeye* |

## Expressing yourself

**can you help me?**
mohl *(m)*/mohla *(f)* byste mi pomoct?
*mohl/mohla beeste mee pomotst?*

**help!**
pomoc!
*pomots!*

**fire!**
hoří!
*horzhee!*

**be careful!**
opatrně!
*opatrnye!*

**it's an emergency!**
je to naléhavý případ!
*ye to nalehavee przheepad!*

**there's been an accident**
stala se nehoda
*stala se nehoda*

**could I borrow your phone, please?**
prosím vás, můžu si vypůjčit váš telefon?
*proseem vas, moozhoo see veepooycheet vash telefon?*

**does anyone here speak English?**
umí tady někdo anglicky?
*oomee tadee nyekdo angleetskee?*

**I need to contact the British consulate**
musím zavolat na britský konsulát
*mooseem zavolat na breetskee konsoolat*

**where's the nearest police station?**
kde je nejbližší policejní stanice?
*kde ye neybleezhshee poleetseynyee stanyeetse?*

**what do I have to do?**
co mám udělat?
*tso mam oodyelat?*

**my bag's been snatched**
ukradli mi tašku
*ookradlee mee tashkoo*

**my passport/credit card has been stolen**
ukradli mi pas/kreditní kartu
*ookradlee mee pas/kredeetnyee kartoo*

**I've lost …**
ztratil (m)/ztratila (f) jsem …
*ztratyeel/ztratyeela ysem …*

**I've been attacked**
napadli mě
*napadlee mnye*

**my son/daughter is missing**
ztratil se mi syn/ztratila se mi dcera
*ztratyeel se mee seen/ztratyeela se mee dtsera*

**my car's been towed away**
odtáhli mi auto
*odtahlee mee a-ooto*

**I've broken down**
mám poruchu
*mam porookhoo*

**my car's been broken into**
vloupali se mi do auta
*vlo-oopalee se mee do a-oota*

**there's a man following me**
nějaký muž mě sleduje
*nyeyakee moozh mnye sledooye*

**can you keep an eye on my things for a minute?**
můžete mi chvíli ohlídat věci?
*moozhete mee khveelee ohleedat vyetsee?*

**he's drowning, get help!**
topí se, zavolejte pomoc!
*topee se, zavoleyte pomots!*

**is there disabled access?**
je tady bezbariérový přístup?
*ye tadee bezbareeyerovee przheestoop?*

## Understanding

| | |
|---|---|
| havarijní služba | breakdown service |
| horská záchranná služba | mountain rescue |
| mimo provoz | out of order |
| nouzový východ | emergency exit |
| policie | police (emergency services) |
| pozor zlý pes | beware of the dog |
| ztráty a nálezy | lost property |

# POLICE

### Expressing yourself

**I want to report something stolen**
chtěl *(m)*/chtěla *(f)* bych ohlásit krádež
*khtyel/khtyela beekh ohlaseet kradezh*

**I need a document from the police for my insurance company**
pro svou pojišťovnu potřebuji doklad od policie
*pro svo-oo poyeeshtyovnoo potrzhebooyee doklad od poleetseeye*

> **Some informal expressions**
>
> **polda** copper
> **basa** clink, prison
> **nechat se zabásnout** to get nicked

## Understanding

**Filling in forms**

| | |
|---|---|
| **příjmení** | surname |
| **jméno** | first name |
| **adresa** | address |
| **poštovní směrovací číslo (PSČ)** | postcode |
| **země** | country |
| **národnost** | nationality |
| **státní příslušnost** | citizenship |
| **datum narození** | date of birth |
| **místo narození** | place of birth |
| **věk** | age |
| **pohlaví** | sex |
| **doba pobytu** | duration of stay |
| **datum příjezdu/odjezdu** | arrival/departure date |
| **zaměstnání** | occupation |
| **číslo pasu** | passport number |

**otevřte tuto tašku, prosím**
would you open this bag, please?

**za toto zboží musíte zaplatit clo**
there's customs duty to pay on this item

**co postrádáte?**
what's missing?

**kdy se to stalo?**
when did this happen?

**kde jste ubytován** *(m)***/ubytována** *(f)***?**
where are you staying?

**můžete ho/ji/to popsat?**
can you describe him/her/it?

**vyplňte tento formulář, prosím**
would you fill in this form, please?

**tady se, prosím, podepište**
would you sign here, please?

## The basics

| | |
|---|---|
| after | po *po* |
| ahead | dřív *drzheev* |
| already | už *oozh* |
| always | vždycky *vzhdeetskee*, stále *stale* |
| at lunchtime | v době oběda *v dobye obyeda* |
| at the beginning/ end of | začátkem/koncem *zachatkem/kontsem* |
| at the moment | teď *tedy* |
| before | před *przhed* |
| between ... and ... | mezi ... a ... *mezee ... a ...* |
| day | den *den* |
| during | během *byehem* |
| early | brzo *brzo* |
| evening | večer *vecher* |
| for a long time | dlouho *dlo-ooho* |
| from ... to ... | od ... do ... *od ... do ...* |
| from time to time | občas *obchas* |
| in a little while | za chvíli *za khveelee* |
| in the evening | večer *vecher* |
| in the middle of | uprostřed *ooprostrzhed* |
| last | (previous) minulý *meenoolee* |
| late | pozdě *pozdye* |
| midday | poledne *poledne* |
| midnight | půlnoc *poolnots* |
| morning | ráno *rano* |
| month | měsíc *mnyeseets* |
| never | nikdy *nyeekdee* |
| next | příští *przheeshtyee* |
| night | noc *nots* |
| not yet | ještě ne *yeshtye ne* |
| now | teď *tedy* |
| occasionally | příležitostně *przheelezheetostnye* |
| often | často *chasto* |
| rarely | málokdy *malokdee* |
| recently | nedávno *nedavno* |
| since | od *od* |

| | |
|---|---|
| sometimes | někdy *nyekdee* |
| soon | brzo *brzo* |
| still | ještě *yeshtye*, stále *stale* |
| straightaway | hned *hned* |
| until | do *do* |
| week | týden *teeden* |
| weekend | víkend *veekend* |
| year | rok *rok* |

## Expressing yourself

**see you soon!**
brzy na shledanou!
*brzee na s-hledano-oo!*

**see you later!**
zatím na shledanou!
*zatyeem na s-hledano-oo!*

**see you on Monday!**
v pondělí na shledanou!
*v pondyelee na s-hledano-oo!*

**have a good weekend!**
hezký víkend!
*hezkee veekend!*

**sorry I'm late**
promiňte, že jdu pozdě
*promeenyte, zhe ydoo pozdye*

**just a minute, please**
okamžik, prosím
*okamzheek, proseem*

**I haven't been there yet**
ještě jsem tam nebyl *(m)*/nebyla *(f)*.
*yeshtye ysem tam nebeel/nebeela*

**I've got plenty of time**
mám spoustu času
*mam spo-oostoo chasoo*

**I'm in a rush**
pospíchám
*pospeekham*

**hurry up!**
pospěš *(sg)*/pospěšte *(pl, sg polite)* si!
*pospyesh/pospyeshte see!*

**I had a late night**
šel *(m)*/šla *(f)* jsem spát pozdě
*shel/shla ysem spat pozdye*

**I haven't had time to ...**
neměl *(m)*/neměla *(f)* jsem čas ...
*nemnyel/nemnyela ysem chas ...*

**I got up very early**
vstal *(m)*/vstala *(f)* jsem velmi brzo
*vstal/vstala ysem velmee brzo*

**I have to get up very early tomorrow to catch my plane**
zítra ráno musím vstát velmi brzo, protože brzo odlétám
*zeetra rano mooseem vstat velmee brzo, protozhe brzo odletam*

| **I waited ages** | **we only have four days left** |
|---|---|
| čekal *(m)*/čekala *(f)* jsem dlouho | zbývají nám jen čtyři dny |
| *chekal/chekala ysem dlo-ooho* | *zbeevayee nam yen chteerzhee dnee* |

# THE DATE

### How to express dates

Dates and numbers in general are rather complicated in Czech. There are several ways to write the date (for example "11 October 2006" can be written 11. října 2006, 11.10.2006, 11/10/2006), but it is always read in the same way (jedenáctého října dva tisíce šest *yedenatsteho rzheeyna dva teeseetse shest*). Ordinal numbers (first, second, third etc) are followed by a full stop (1. = první).

When talking about a particular month, for example "in November 2006", the preposition **v** is used followed by the month in the locative case: **v listopadu 2006**. A period of several years is expressed using the prepositions **od ... do**, for example "between 1969 and 1977" **od 1969 do 1977**.

Ordinal numbers are used for centuries, eg "in the 1st century BC" **v prvním století př.n.l.** (před naším letopočtem = before our time)/**př. Kr.** (před Kristem, before Christ); "in the 3rd century AD" **ve třetím století n.l.** (našeho letopočtu = of our time)/**po Kr.** (po Kristu, after Christ); "16th century art" **umění 16. století**; "at the beginning/in the middle/at the end of the 17th century" **na začátku/v polovině/na konci 17. století**

## The basics

| ... ago | před ... *przhed* |
|---|---|
| at the beginning/end of | začátkem/koncem *zachatkem/ kontsem* |

| | |
|---|---|
| **in the middle of** | uprostřed/v polovině *ooprostrzhed/ v poloveenye* |
| **in two days' time** | za dva dny *za dva dnee* |
| **last night** | včera večer *vchera vecher* |
| **the day after tomorrow** | nazítří *nazeetrzhee* |
| **the day before yesterday** | předevčírem *przhedevcheerem* |
| **today** | dnes *dnes* |
| **tomorrow** | zítra *zeetra* |
| **tomorrow morning/ afternoon/evening** | zítra ráno/odpoledne/večer *zeetra rano/odpoledne/vecher* |
| **yesterday** | včera *vchera* |
| **yesterday morning/ afternoon/evening** | včera ráno/odpoledne/večer *vchera rano/odpoledne/vecher* |

## Expressing yourself

**I was born in 1975**
narodil *(m)*/narodila *(f)* jsem se v roce 1975
*narodyeel/narodyeela ysem se v rotse tyeeseets devyet set sedmdesat pyet*

**I came here a few years ago**
byl *(m)*/byla *(f)* jsem tady před několika lety
*beel/beela ysem tadee przhed nyekoleeka letee*

**I spent a month in the Czech Republic last summer**
loni v létě jsem strávil *(m)*/strávila *(f)* v České republice měsíc
*lonyee v letye ysem straveel/straveela v cheske repoobleetse mnyeseets*

**I was here last year at the same time**
byl *(m)*/byla *(f)* jsem tady loni ve stejnou dobu
*beel/beela ysem tadee lonyee ve steyno-oo doboo*

**what's the date today?**
kolikátého je dnes?
*koleekateho ye dnes?*

**what day is it today?**
který je dnes den?
*kteree ye dnes den?*

**it's the 1st of May**
dnes je prvního května
*dnes ye prvnyeeho kvyetna*

**I'm staying until Sunday**
zůstanu až do neděle
*zoostanoo azh do nedyele*

**we're leaving tomorrow**
odjíždíme zítra
*odyeezhdyeeme zeetra*

**I already have plans for Tuesday**
na úterý už máme něco v plánu
*na ooteree oozh mame nyetso v planoo*

## Understanding

| **jednou/dvakrát** | once/twice |
| **každé pondělí** | every Monday |
| **každý den** | every day |
| **třikrát za hodinu/den** | three times an hour/a day |

**bylo to postaveno v polovině devatenáctého století**
it was built in the mid-nineteenth century

**v létě je tady hodně lidí**
it gets very busy here in the summer

**kdy odjíždíte?**
when are you leaving?

**jak dlouho tady budete?**
how long are you staying?

# THE TIME

### Telling the time

"It's five o'clock" is translated by **je pět hodin** *ye pyet hodyeen*. The expression "o'clock" (**hodina** = hour) is often omitted in everyday speech. When it is obvious what time of day you are talking about, there is no need to specify **ráno** (in the morning), **odpoledne** (in the afternoon) or **večer** (in the evening). In official contexts, the 24-hour clock is normally used (**sedmnáct hodin** 17.00). Transport timetables also use this format (**17:00**).

---

**Some informal expressions**

**přesně ve dvě** two o'clock on the dot
**v osm a něco** a bit after eight
**přijít s křížkem po funuse** to arrive late
**čekat věčnost** to wait forever, to wait till the cows come home

## The basics

| | |
|---|---|
| early | brzo *brzo* |
| half an hour | půlhodina *poolhodyeena* |
| in the afternoon | odpoledne *odpoledne* |
| in the morning | ráno *rano* |
| late | pozdě *pozdye* |
| midday | poledne *poledne* |
| midnight | půlnoc *poolnots* |
| on time | včas *vchas* |
| quarter of an hour | čtvrthodina *chtvrthodyeena* |
| three quarters of an hour | třičtvrtě hodiny *trzheechtvrtye hodyeenee* |

## Expressing yourself

**what time is it?**
kolik je hodin?
*koleek ye hodyeen?*

**excuse me, have you got the time, please?**
promiňte, prosím vás, nevíte, kolik je hodin?
*promeenyte, proseem vas, koleek ye hodyeen?*

**it's nearly one o'clock**
je skoro jedna hodina
*ye skoro yedna hodyeena*

**it's exactly three o'clock**
jsou přesně tři
*yso-oo przhesnye trzhee*

**it's half past one**
je půl druhé
*ye pool droohe*

**it's ten past one**
je jedna hodina a deset minut
*ye yedna hodyeena a deset meenoot*

**it's a quarter past one**
je čtvrt na dvě
*ye chtvrt na dvye*

**it's a quarter to one**
je tři čtvrtě na jednu
*ye trzhee chtvrtye na yednoo*

**it's twenty past twelve**
je čtvrt na jednu a pět minut
*ye chtvrt na yednoo a pyet meenoot*

**it's twenty to twelve**
je za pět minut tři čtvrtě na dvanáct
*ye za pyet meenoot trzhee chtvrtye na dvanatst*

**I arrived at about two o'clock**
přijel *(m)*/přijela *(f)* jsem asi ve dvě hodiny
*przheeyel/przheeyela ysem asee ve dvye hodyeenee*

**I set my alarm for nine**
nastavil *(m)*/nastavila *(f)* jsem si budík na devátou
*nastaveel/nastaveela ysem see boodyeek na devato-oo*

**I waited twenty minutes**
čekal *(m)*/čekala *(f)* jsem dvacet minut
*chekal/chekala ysem dvatset meenoot*

**the train was fifteen minutes late**
vlak měl patnáct minut zpoždění
*vlak mnyel patnatst meenoot zpozdyenyee*

**I got home an hour ago**
přišel *(m)*/přišla *(f)* jsem domů před hodinou
*przheeshel/przheeshla ysem domoo przhed hodyeeno-oo*

**shall we meet in half an hour?**
sejdeme se za půl hodiny?
*seydeme se za pool hodyeenee?*

**I'll be back in a quarter of an hour**
vrátím se za čtvrt hodiny
*vratyeem se za chtvrt hodyeenee*

**there's a one-hour time difference between ... and ...**
mezi ... a ... je hodinový časový posun
*mezee ... a ... ye hodyeenovee chasovee posoon*

## Understanding

**jede každou hodinu a každou půlhodinu**
departs on the hour and the half-hour

**otevřeno od deseti do šestnácti hodin**
open from 10am to 4pm

**trvá asi hodinu a půl**
it lasts around an hour and a half

**otevřeno od deseti hodin**
it opens at ten in the morning

In Czech, ordinal numbers (1st, 2nd etc) are always followed by a full stop, so you will see **2 dva**, but **2. druhý**. Decimals are written with a comma (**3,5**), which reads **tři celé pět** *trzhee tsele pyet*. If the number is five or above, the genitive plural is used: **5,3 pět celých tři** *pyet tseleekh trzhee*. See the Grammar section p.180

| | | | |
|---|---|---|---|
| **0** nula *noola* | | **21** dvacet jedna *dvatset yedna* | |
| **1** jedna *yedna* | | **22** dvacet dva *dvatset dva* | |
| **2** dva *dva* | | **30** třicet *trzheetset* | |
| **3** tři *trzhee* | | **35** třicet pět *trzheetset pyet* | |
| **4** čtyři *chteerzhee* | | **40** čtyřicet *chteerzheetset* | |
| **5** pět *pyet* | | **50** padesát *padesat* | |
| **6** šest *shest* | | **60** šedesát *shedesat* | |
| **7** sedm *sedm* | | **70** sedmdesát *sedmdesat* | |
| **8** osm *osm* | | **80** osmdesát *osmdesat* | |
| **9** devět *devyet* | | **90** devadesát *devadesat* | |
| **10** deset *deset* | | **100** sto *sto* | |
| **11** jedenáct *yedenatst* | | **101** sto jedna *sto yedna* | |
| **12** dvanáct *dvanatst* | | **200** dvě stě *dvye stye* | |
| **13** třináct *trzheenatst* | | **300** tři sta *trzhee sta* | |
| **14** čtrnáct *chtrnatst* | | **400** čtyři sta *chteerzhee sta* | |
| **15** patnáct *patnatst* | | **500** pět set *pyet set* | |
| **16** šestnáct *shestnatst* | | **1 000** tisíc *tyeeseets* | |
| **17** sedmnáct *sedmnatst* | | **2 000** dva tisíce *dva tyeetseetse* | |
| **18** osmnáct *osmnatst* | | **10 000** deset tisíc *deset* | |
| **19** devatenáct *devatenatst* | | *tyeetseets* | |
| **20** dvacet *dvatset* | | **1 000 000** milión *meeleeon* | |

| | | | |
|---|---|---|---|
| **first** první *prvnyee* | | **seventh** sedmý *sedmee* | |
| **second** druhý *droohee* | | **eighth** osmý *osmee* | |
| **third** třetí *trzhetyee* | | **ninth** devátý *devatee* | |
| **fourth** čtvrtý *chtvrtee* | | **tenth** desátý *desatee* | |
| **fifth** pátý *patee* | | **twentieth** dvacátý *dvatsatee* | |
| **sixth** šestý *shestee* | | | |

**20 plus 3 equals 23**
dvacet plus tři rovná se dvacet tři
*dvatset ploos trzhee rovna se dvatset trzhee*

**20 minus 3 equals 17**
dvacet mínus tři rovná se sedmnáct
*dvatset meenoos trzhee rovna se sedmnatst*

**20 multiplied by 4 equals 80**
dvacet krát čtyři rovná se osmdesát
*dvatset krat chteerzhee rovna se osmdesat*

**20 divided by 4 equals 5**
dvacet děleno čtyřmi rovná se pět
*dvatset dyeleno chteerzhmee rovna se pyet*

# DICTIONARY

## ENGLISH-CZECH

Note: verbs are presented in imperfective/perfective pairs, eg **dávat/dát**.

With some adverbs one needs to distinguish between the version that denotes direction (towards) and the version that denotes location or stationary position, eg "I am going upstairs (**nahoru**)" BUT "the bathroom is upstairs (**nahoře**)"; similarly, with prepositions, direction *(+acc)* or location *(+ loc)* is indicated as follows: (**na** *+acc/loc*).

### A

**a** *(article) (see grammar)*
**a** *(number)* jeden *m*, jedna *f*, jedno *n*
**abbey** opatství *n*
**able: to be able to** být schopen *(+gen)*
**about** o *(+loc)*; **I'm about to go out** jsem na odchodu
**above** nahoře
**abroad** do/v zahraničí
**accept** přijímat/přijmout
**access** přístup *m*
**accident** nehoda *f* **31, 102**
**accommodation** ubytování *n*
**across** přes *(+acc)*
**adaptor** adaptátor *m*
**address** adresa *f*
**admission** vstupné *n*
**advance: in advance** předem **57**
**advice** rada *f*; **to ask someone's advice** žádat/požádat koho o radu

**advise** radit/poradit
**aeroplane** letadlo *n*
**after** po *(+loc)*
**afternoon** odpoledne *n*
**after-sun (cream)** krém *m* po opalování
**again** znovu
**against** proti *(+dat)*
**age** věk *m*
**air** vzduch *m*
**air conditioning** klimatizace *f*
**airline** letecká společnost *f*
**airmail** letecká pošta *f*
**airport** letiště *n*
**alarm clock** budík *m*
**alcohol** alkohol *m*
**alive** naživu
**all** celý; **all day** celý den; **all week** celý týden; **all the better** tím lépe; **all the same** stejně; **all the time** celou dobu; **all inclusive** všechno v ceně
**allergic** alergický **98, 100**

**almost** téměř
**already** už
**also** také
**although** ačkoli
**always** vždy
**ambulance** sanitka *f* **96**
**American** *(noun)* Američan *m*/
Američanka *f*
**American** *(adj)* americký
**among** mezi *(+acc/instr)*
**and** a
**animal** zvíře *n*
**ankle** kotník *m*
**anniversary** narozeniny *fpl*
**another** jiný
**answer** *(noun)* odpověd' *f*
**answer** *(verb)* odpovídat/
odpovědět
**answering machine** záznamník
*m*
**ant** mravenec *m*
**antibiotics** antibiotika *npl*
**anybody, anyone** nikdo *(with the
negative)*; někdo *(asking a question)*
**anything** nic *(with the negative)*;
něco *(asking a question)*
**anyway** v každém případě
**appendicitis** zánět *m* slepého
střeva
**appointment** schůzka *f*; **to
make an appointment** dát si
schůzku; *(with a doctor)* objednat
se **96**; **to have an appointment
(with)** mít schůzku (s) *(+instr)* **97**
**April** duben *m*
**area** kraj *m*; **in the area** v kraji
**arm** ruka *f*, paže *f*

**around** kolem
**arrange** zařizovat/zařídit; **I
arranged to meet ...** zařídil
*m*/zařídila *f* jsem si schůzku s
*(+instr)* ...
**arrival** *(of person)* příchod *m*;
*(of vehicle)* příjezd *m*; *(of plane)*
přílet *m*
**arrive** *(on foot)* přicházet/přijít; *(in
vehicle)* přijíždět/přijet; *(by plane)*
přilétat/přiletět; *(of event)* stávat
se/stát se
**art** umění *n*
**artist** umělec *m*/umělkyně *f*
**as** jako; **as soon as possible** co
nejdřív; **as soon as** jakmile; **as
well as** tak jako
**ashtray** popelník *m* **43**
**ask** žádat/požádat (o *+acc*); **to
ask a question** ptát se/zeptat se
(na *+acc*)
**aspirin** aspirín *m*
**asthma** astma *n*
**at** u *(+gen)*; **at home** doma; **at
10 o'clock** v deset hodin; **at
night** v noci
**attack** *(verb)* napadat/napadnout
**August** srpen *m*
**autumn** podzim *m*
**available** k dispozici
**avenue** třída *f*
**away: 10 miles away** 10 mil
odsud

### B

**baby** miminko *n*
**baby's bottle** kojenecká láhev *f*

**back** *(noun)* *(of a person)* záda *npl*
**back** *(adv)* zpátky; **at the back of** vzadu
**backpack** batoh *m*
**bad** špatný; **it's not bad** to není špatné
**bag** taška *f*
**baggage** zavazadlo *n*, zavazadla *npl*
**bake** péci/upéci
**baker's** pekárna *f*, pekařství *n*
**balcony** balkón *m*; *(in theatre)* galérie *f*
**bandage** obvaz *m*
**bank** banka *f* 84
**banknote** bankovka *f*
**bar** bar *m*
**barbecue** barbecue *n*
**bath** koupel *f*; **to have a bath** koupat se/vykoupat se
**bathroom** koupelna *f*
**bath towel** osuška *f*
**battery** baterie *f* 31
**be** být
**beach** pláž *f*
**beach umbrella** slunečník *m*
**beard** vousy *mpl*
**beautiful** krásný
**because** protože; **because of** kvůli *(+dat)*
**bed** postel *f*
**bee** včela *f*
**before** před *(+instr)*, dříve; **before I leave** před tím, než odjedu
**begin** začínat/začít
**beginner** začátečník *m*/ začátečnice *f*

**beginning** začátek *m*; **at the beginning** na začátku
**behind** za *(+acc/instr)*
**Belgium** Belgie *f*
**believe** věřit/uvěřit
**below** pod *(+acc/instr)*
**beside** vedle *(+gen)*
**best** nejlepší; **the best** *(co)* nejlépe
**better** lepší; **to get better** cítit se lépe; **it's better to …** je lépe …
**between** mezi *(+instr)*
**bicycle** kolo *n*
**bicycle pump** pumpička *f*
**big** velký
**bike** kolo *n*
**bill** účet *m* 47
**bin** koš *m* (na smetí)
**binoculars** dalekohled *m*
**birthday** narozeniny *fpl*
**bit** kousek *m*, kus *m*; **a bit (of) …** trochu …
**bite** *(noun)* *(from dog)* kousnutí *n*; *(from insect)* píchnutí *n*
**bite** *(verb)* *(of dog)* kousnout *(perf)*; *(of insect)* píchnout *(perf)* 97
**black** černý
**blackout: to have a blackout** omdlít
**blanket** přikrývka *f*
**bleed** krvácet *(imperf)*
**bless: bless you!** na zdraví!
**blind** slepý
**blister** puchýř *m*
**blood** krev *f*
**blood pressure** krevní tlak *m*
**blue** modrý

**board** paluba *f*

**boarding** nástup *m* (do letadla)

**boat** loď *f*

**body** tělo *n*

**book** *(noun)* kniha *f*; **book of tickets** bloček lístků?

**book** *(verb)* rezervovat/zarezervovat si

**bookshop** knihkupectví *n*

**boot** *(of car)* kufr *m*

**boots** *(footwear)* (vysoké) boty *fpl*

**borrow** půjčovat si/půjčit si

**botanical garden** botanická zahrada *f*

**both** oba *mpl*, obě *f/npl*; **both of us** my dva/dvě

**bottle** láhev *f*

**bottle opener** otvírač *m*

**bottom** spodní část *f*; **at the bottom** dole

**bowl** miska *f*, mísa *f*

**bra** podprsenka *f*

**brake** *(noun)* brzda *f*

**brake** *(verb)* brzdit/zabrzdit

**bread** chléb *m*

**break** rozbít *(perf)*; **to break one's leg** zlomit si *(perf)* nohu

**break down** mít poruchu **31**, **102**

**breakdown** porucha *f*

**breakdown service** havarijní služba *f*

**breakfast** snídaně *f*; **to have breakfast** snídat/nasnídat se

**bridge** most *m*

**bring** přinášet/přinést

**brochure** brožura *f*

**broken** zlomený

**bronchitis** zánět *m* průdušek

**brother** bratr *m*

**brown** hnědý

**brush** kartáč *m*

**build** stavět/postavit

**building** budova *f*/stavba *f*

**bump** *(noun)* náraz *m*

**bump** *(verb)* narazit *(perf)*

**bumper** nárazník *m*

**burn** *(noun)* spálenina *f*

**burn** *(verb)* pálit/spálit; **to burn oneself** spálit se

**burst** *(verb)* vybuchnout *(perf)*

**bus** autobus *m* **29**

**bus route** trasa *f* (autobusu)

**bus station** autobusové nádraží *n*

**bus stop** autobusová zastávka *f*

**busy** *(place)* navštěvovaný

**but** ale

**butcher's** řeznictví *n*

**buy** kupovat/koupit **74**, **76**

**by: by me** vedle mne; **by car** autem

**bye!** ahoj!

**café** kavárna *f*

**call** *(noun) (on telephone)* hovor *m*

**call** *(verb)* volat/zavolat **92**; **I am called ...** někdo mi volá ..., mám hovor ...

**call back** volat/zavolat zpátky **92**

**camera** fotoaparát *m*

**camper** táborník *m*

**camping** kempování *n*; **to go camping** kempovat *(imperf)*

**camping stove** plynový vařič *m*

**campsite** kemp *m*

**can** *(noun) (of food)* konzerva *f*

**can** *(verb)* moci; **I can't …** nemůžu …

**cancel** rušit/zrušit

**candle** svíčka *f*

**can opener** otvírač *m* (na konzervy)

**car** auto *n*

**caravan** karavan *m*

**card** karta *f*

**car park** parkoviště *n*

**carry** nosit/nést

**case: in case of …** v případě … (+gen)

**cash** hotovost *f*; **to pay cash** platit v hotovosti

**cashpoint** bankomat *m* **84**

**castle** hrad *m*

**catch** chytat/chytit

**cathedral** katedrála *f*

**CD** cédéčko *n*

**cemetery** hřbitov *m*

**centimetre** centimetr *m*

**centre** centrum *n* **37**, **39**

**century** století *n*

**chair** židle *f*

**chairlift** sedačková lanovka *f*

**change** *(noun)* změna *f*; *(money)* drobné *mpl* **75**

**change** *(verb)* měnit/vyměnit **84**; *(exchange money)* směnit *(perf)*; *(banknote)* rozměnit *(perf)*; *(clothes)* převlékat se/převléknout se

**changing room** šatna *f* **77**

**channel** kanál *m*

**chapel** kaple *f*

**charge** *(noun)* cena *f*

**charge** *(verb)* fakturovat *(imperf)*

**cheap** levný/laciný

**check** *(verb)* kontrolovat/ zkontrolovat; *(baggage)* podávat/ podat

**check in** zaregistrovat se *(perf)*

**check-in** registrace *f* **26**

**check out** zaplatit *(perf)* účet

**cheers!** na zdraví!

**chemist's** lékárna *f*

**cheque** šek *m*

**chest** hruď *f*

**child** dítě *n*

**chilly** studený

**chimney** komín *m*

**chin** brada *f*

**church** kostel *m*

**cigar** doutník *m*

**cigarette** cigareta *f*

**cigarette paper** cigaretový papír *m*

**cinema** kino *n*

**circus** cirkus *m*

**city** město *n*

**clean** *(adj)* čistý

**clean** *(verb)* čistit/vyčistit

**climate** klima *n*

**climbing** horolezectví *n*

**cloakroom** šatna *f*; *(for luggage)* úschovna *f* zavazadel

**close** *(verb)* zavírat/zavřít

**closed** zavřeno

**closing time** zavírací doba *f*

**clothes** oblečení *n sg*

**clutch** spojka *f*

**coach** autobus *m* **29**

**coathanger** ramínko *n*

**cockroach** šváb *m*

**coffee** káva f

**coin** mince f

**Coke®** Coca-cola f

**cold** *(noun)* zima f; **to have a cold** být nachlazený

**cold** *(adj)* studený; **it's cold** je zima; **I'm cold** je mi zima

**collection** sbírka f

**colour** barva f

**comb** hřeben m

**come** přicházet/přijít; *(of vehicle)* přijíždět/přijet; **I come from London** jsem z Londýna

**come back** vracet se/vrátit se

**come in** vstupovat/vstoupit

**come out** vycházet/vyjít

**comfortable** pohodlný

**company** společnost f

**compartment** oddělení n

**complain** stěžovat si (na +acc) *(imperf)*

**comprehensive insurance** havarijní pojištění n **31**

**computer** počítač m

**concert** koncert m **57**

**concert hall** koncertní síň f

**concession** sleva f **24**, **62**

**condom** kondom m

**confirm** potvrzovat/potvrdit **26**

**connection** spoj m/spojení n **26**

**constipated: I'm constipated** mám zácpu

**consulate** konsulát m **102**

**contact** *(noun)* kontakt m

**contact** *(verb)* kontaktovat/ zkontaktovat **102**

**contact lenses** kontaktní čočky fpl

**contagious** nakažlivý

**contraceptive** *(noun)* anti-koncepce f

**cook** *(verb)* vařit/uvařit

**cooked** vařený

**cooking** vaření n; **to do the cooking** vařit

**cool: it's cool** *(weather)* je chladno; **serve cool** podávejte vychlazené

**corkscrew** vývrtka f

**correct** správný

**cost** stát *(imperf)*; **it costs...** stojí to...

**cotton** bavlna f

**cotton buds** vatové tyčinky fpl

**cotton wool** vata f

**cough** *(noun)* kašel m; **to have a cough** mít kašel

**cough** *(verb)* kašlat *(imperf)*

**count** počítat/spočítat

**country** země f

**countryside** venkov m

**course: of course** jistě/samo-zřejmě

**cover** *(noun)* přikrývka f

**cover** *(verb)* přikrývat/přikrýt

**credit card** kreditní karta f **35**, **47**, **75**, **84**

**cross** *(noun)* kříž m

**cross** *(verb)* přecházet/přejít

**cry** křičet *(imperf)*; *(of baby)* plakat *(imperf)*

**cup** šálek m

**currency** měna f

**customs** celnice f

**cut** *(with knife)* řezat/uříznout; *(with scissors)* stříhat/ustřihnout; **to cut oneself** říznout se

**cycle path** cyklistická stezka *f*, stezka *f* pro cyklisty **69**
**Czech** *(noun)* *(person)* Čech *m*/Češka *f*; *(language)* čeština *f*; **do you speak Czech?** mluvíte česky?
**Czech** *(adj)* český; **Czech Republic** Česká republika *f*

### D

**damaged** poškozený
**damp** vlhký
**dance** *(noun)* tanec *m*
**dance** *(verb)* tančit/zatančit si
**dangerous** nebezpečný
**dark** tmavý; **dark blue** tmavo-modrý
**date** *(noun)* datum *n*; **out of date** zastaralý
**date (from)** pocházet (z +*gen*)
**date of birth** datum *n* narození
**daughter** dcera *f*
**day** den *m*; **the day after tomorrow** pozítří *n*; **the day before yesterday** předevčírem
**dead** mrtvý
**deaf** hluchý
**dear** drahý
**debit card** debitní karta *f*
**December** prosinec *m*
**declare** deklarovat; **have you anything to declare?** máte něco k proclení?
**deep** hluboký
**degree** stupeň *m*
**delay** zpoždění *n*
**delayed** opožděno

**deli** lahůdky *fpl*
**dentist** zubař *m*
**deodorant** deodorant *m*
**department** oddělení *n*
**department store** obchodní dům *m*
**departure** *(of train)* odjezd *m*; *(of plane)* odlet *m*
**depend: that depends (on)** to záleží (na +*loc*)
**deposit** kauce *f*
**dessert** dezert *m* **45**
**develop: to get a film developed** dát si vyvolat film
**diabetes** diabetik *m*
**dialling code** předčíslí *n*
**diarrhoea: to have diarrhoea** mít průjem
**die** umírat/umřít
**diesel** diesel *m*
**diet** dieta *f*; **to be on a diet** držet dietu
**different** different; **different from** odlišný od *(+gen)*
**difficult** těžký
**digital camera** digitální foto-aparát *m*
**dinner** večeře *f*; **to have dinner** večeřet/navečeřet se
**direct** *(adj)* přímý
**direction** směr *m*; **to have a good sense of direction** mít dobrý orientační smysl
**directory** telefonní seznam *m*
**directory enquiries** informace *fpl*
**dirty** *(adj)* špinavý
**disabled** invalidní **103**
**disaster** katastrofa *f*

**disco** disko(téka) *f*
**discount** sleva *f* **62**; **to give someone a discount** prodat se slevou
**discount fare** lístek *m* se slevou
**dish** *(plate)* mísa *f*; *(meal)* jídlo *n*; **dish of the day** nabídka *f* dne
**dishes** nádobí *n*; **to do the dishes** mýt/umýt nádobí
**dish towel** utěrka *f*
**dishwasher** myčka *f* nádobí
**disinfect** dezinfikovat/vydezinfikovat
**disposable** na jedno použití
**disturb** rušit/vyrušit; **do not disturb** nerušit
**do** dělat/udělat
**doctor** lékař *m*/lékařka *f*, doktor *m*/doktorka *f* **96**
**door** dveře *fpl*
**downstairs** dole/dolů
**draught beer** točené pivo *n*
**dress: to get dressed** oblékat se/obléknout se
**dressing** oblékání *n*
**drink** *(noun)* nápoj *m*; **to go for a drink** jít na skleničku **42**, **54**; **to have a drink** dát si skleničku
**drink** *(verb)* pít/napít se
**drinking water** pitná voda
**drive: to go for a drive** projet se autem
**drive** *(verb)* řídit *(imperf)*; *(someone)* odvézt *(perf)*
**driving licence** řidičský průkaz *m*
**drops** kapky *fpl*
**drown** topit se/utopit se
**drugs** drogy *fpl*

**drunk** opilý
**dry** *(adj)* suchý
**dry** *(verb)* schnout/uschnout; *(clothes)* sušit/usušit
**dry cleaner's** čistírna *f*
**duck** kachna *f*
**during** během *(+gen)*; **during the week** během týdne
**dustbin** koš *m* na odpadky
**duty chemist's** lékárna *f*

**each** každý; **each one** každý
**ear** ucho *n*, uši *fpl*
**early** brzy
**earplugs** špunty *mpl* do uší
**earrings** náušnice *fpl*
**earth** země *f*
**east** východ *m*; **in the east** na východ/na východě; **(to the) east of** na východ od *(+gen)*
**east** *(adj)* východní
**Easter** Velikonoce *fpl*
**easy** snadný
**eat** jíst/najíst se **42**
**economy class** turistická třída *f*
**Elastoplast®** náplast *f*
**electric** elektrický; **electric shaver** elektrický holicí strojek *m*
**electricity** elektřina *f*
**electricity meter** elektroměr *m*
**e-mail** e-mail *m*
**e-mail address** e-mailová adresa *f* **18**, **89**
**embassy** ambasáda *f*, velvyslanectví *n*

**emergency** naléhavý případ **102**; **in an emergency** v nouzi
**emergency exit** nouzový východ *m*
**empty** prázdný
**end** konec *m*; **at the end of** koncem *(+gen)*; **at the end of the street** na konci ulice
**engaged** *(line, toilet)* obsazený
**engine** motor *m*
**England** Anglie *f*
**English** *(n)* Angličan *m*/ Angličanka *f*; *(language)* angličtina *f*; **do you speak English?** mluvíte anglicky?
**English** *(adj)* anglický
**enjoy: enjoy your meal!** dobrou chuť'!; **to enjoy oneself** bavit se
**enough** dost; **that's enough** to stačí
**entrance** vchod *m*
**envelope** obálka *f*
**epileptic** epileptický
**equipment** zařízení *n*
**espresso** expreso *n*
**euro** euro *n*
**Eurocheque** eurošek *m*
**Europe** Evropa *f*
**European** evropský
**evening** večer *m*; **in the evening** večer
**every** každý; **every day** každý den
**everybody, everyone** každý
**everywhere** všude
**except** kromě *(+gen)*
**exceptional** vyjímečný
**excess** nadváha *f*

**exchange** směna *f*
**exchange rate** směnový kurz *m*
**excuse** *(noun)* omluva *f*
**excuse** *(verb)* omlouvat se/omluvit se; **excuse me** promiň *(sg)*, promiňte *(pl)*
**exhaust** vyčerpávat/vyčerpat
**exhausted** vyčerpaný
**exhaust pipe** výfuk *m*
**exhibition** výstava *f*
**exit** východ *m*
**expensive** drahý
**expiry date** platnost *f* do
**express** *(adj)* expresní
**expresso** expreso *n*
**extra** dodatečný, ještě jeden
**eye** oko *n*, oči *fpl*

## F

**face** obličej *m*
**facecloth** žínka *f*
**fact** fakt *m*, skutečnost *f*; **in fact** totiž, vlastně
**faint** slabý; **I feel faint** je mi nevolno
**fair** *(noun)* veletrh *m*
**fall** *(verb)* padat/upadnout; **to fall asleep** usnout *(perf)*; **to fall ill** onemocnět *(perf)*
**family** rodina *f*
**fan** fanoušek *m*
**far** daleko; **far from** daleko od *(+gen)*
**fare** tarif *m*
**fast** rychlý
**fast-food restaurant** rychlé občerstvení *n*, fast-food *m*

**fat** *(noun)* tuk *m*
**fat** *(adj)* tučný
**father** otec *m*
**favour** služba *f*; **to do someone a favour** prokázat komu službu
**favourite** oblíbený
**fax** fax *m*
**February** únor *m*
**fed up: I'm fed up (with)** mám (toho) dost
**feel** cítit se *(imperf)*; **to feel good/bad** cítit se dobře/špatně
**feeling** pocit *m*
**festival** festival *m*
**fetch: to go and fetch someone/something** jít pro někoho/něco
**fever** horečka *f*; **to have a fever** mít horečku
**few** několik *(+gen)*
**fiancé(e)** snoubenec *m*/snoubenka *f*
**fight** *(noun)* rvačka *f*
**fill** plnit/naplnit
**fill in** vyplňovat/vyplnit
**fill up: to fill up with petrol** brát/nabrat plnou nádrž (benzínu)
**filling** *(in tooth)* plomba *f*
**film** film *m* 81
**finally** konečně
**find** nacházet/najít
**fine** *(noun)* pokuta *f*
**fine** *(adj)* dobrý, skvělý; **I'm fine** je mi dobře, jsem v pořádku
**finger** prst *m*
**finish** končit/skončit
**fire** oheň *m*; **fire!** hoří!
**fire brigade** hasiči *mpl*
**fireworks** ohňostroj *m*

**first** *(adj)* první; **first (of all)** nejdřív
**first class** první třída *f*
**first floor** první patro *n*
**first name** jméno *n*
**fish** *(n)* ryba *f*
**fishmonger's, fish shop** rybárna *f*
**fitting room** zkušební kabina *f*
**fizzy** *(water)* perlivý; *(wine)* šumivý
**flash** blesk *m*
**flask** termoska *f*
**flat** *(adj)* plochý; **flat tyre** prázdné kolo *n*
**flat** *(noun)* byt *m*
**flavour** příchuť *f*
**flaw** vada *f*
**flight** let *m*
**flip-flops** vietnamky *fpl*
**floor** patro *n*, poschodí *n*; **on the floor** na zemi
**flu** chřipka *f*
**fly** *(noun)* moucha *f*
**fly** *(verb)* létat/letět
**food** jídlo *n* 76
**food poisoning** otrava *f* ze zkažených potravin
**foot** noha *f*
**for** pro *(+gen)*
**forbidden** zakázáno
**forecast** předpověď *f* počasí
**forehead** čelo *n*
**foreign** cizí
**foreigner** cizinec *m*/cizinka *f*
**forest** les *m*
**fork** vidlička *f*
**former** bývalý
**forward** *(adj)* přední
**four-star petrol** super *m*

**fracture** zlomenina *f*
**fragile** křehký
**free** volný; *(of charge)* zadarmo
**freezer** mraznička *f*
**Friday** pátek *m*
**fridge** lednička *f*
**fried** smažený
**friend** přítel *m*/přítelkyně *f*
**from** z *(+gen)*, od *(+gen)*; **from ... to ...** od ... do ...
**front** *(adj)* přední; **in front of** naproti *(+gen)*
**fry** smažit/usmažit
**frying pan** pánev *f*
**full: full (of)** plný *(+gen)*
**full board** plná penze *f*
**full fare, full price** plný tarif *m*, plná cena *f*
**funfair** pouť *f*
**fuse** pojistka *f*

# G

**gallery** galerie *f*
**game** hra *f*
**garage** garáž *f* **31**
**garden** zahrada *f*
**gas** plyn *m*
**gas cylinder** plynová bomba *f*
**gastric flu** střevní chřipka *f*
**gate** brána *f*
**gauze** gáza *f*
**gay** homosexuál *m*
**gearbox** převodovka *f*
**general** obecný
**gents' (toilet)** muži/páni
**Germany** Německo *n*
**get** dostávat/dostat

**get off** vystupovat/vystoupit
**get up** vstávat/vstát
**gift wrap** dárkové balení *n*
**girl** dívka *f*
**girlfriend** přítelkyně *f*
**give** dávat/dát
**give back** vracet/vrátit
**glass** *(noun)* sklenice *f*, sklenička *f*; **a glass of water/of wine** sklenička *f* vody/vína
**glasses** brýle *fpl*
**gluten-free** bezlepkový
**go** *(on foot)* chodit/jít; *(in vehicle)* jezdit/jet **32**; **to go to Prague/the Czech Republic** jet do Prahy/do České republiky; **we're going home tomorrow** zítra jedeme domů
**go away** *(on foot)* odejít; *(in vehicle)* odjet
**go in** vstupovat/vstoupit
**go out** jít ven
**go with** jít s *(+instr)*
**golf** golf *m*
**golf course** golfové hřiště *n*
**good** dobrý; **good morning** dobré ráno; **good evening** dobrý večer
**goodbye** nashledanou
**goodnight** dobrou noc
**goods** zboží *n sg*
**GP** obvodní/praktický lékař *m*
**gram** gram *m*; **100 grams** 10 deka
**grass** tráva *f*
**great** velký
**Great Britain** Velká Británie *f*
**Greece** Řecko *n*

**green** zelený

**grey** šedý

**grocer's** koloniál *m*, obchod *m* se smíšeným zbožím

**ground** země *f*, podlaha *f*; **on the ground** na zemi

**ground floor** přízemí *n*

**ground sheet** koberec *m*

**grow** růst/vyrůst

**guarantee** *(noun)* záruka *f*

**guarantee** *(verb)* zaručit *(perf)*

**guest** host *m*

**guest house** rodinný penzión *m*

**guide** průvodce *m* **56**

**guidebook** průvodce *m*

**guided tour** prohlídka *f* s průvodcem

**gynaecologist** gynekolog *m*, ženský lékař *m*

---

## H

**hair** vlasy *mpl*

**hairdresser** *(for women)* kadeřník *m*; *(for men)* holič *m*

**hairdrier** vysoušeč *m* vlasů

**half** polovina *f*; **half a litre/kilo** půl litru/kila; **half an hour** půlhodina *f*

**half-board** polopenze *f*

**half-pint: a half-pint** velké pivo *n*

**hand** ruka *f*

**handbag** kabelka *f*

**handbrake** ruční brzda *f*

**handicapped** invalidní

**handkerchief** kapesník *m*

**hand luggage** příruční zavazadlo *n* **26**

**hand-made** ručně vyráběný

**hangover** kocovina *f*

**happen: what's happening?** co se děje?; **what's happened?** co se stalo?

**happy** šťastný

**hard** tvrdý

**hashish** hašiš *m*

**hat** klobouk *m*

**hate** nenávidět *(imperf)*

**have** mít *(imperf)*

**have to** muset *(imperf)*; **I have to go** musím jít

**hay fever** senná rýma *f*

**he** on *(see grammar)*

**head** hlava *f*

**headache: I have a headache** bolí mě hlava

**headlight** reflektor *m*

**health** zdraví *n*

**hear** slyšet/uslyšet

**heart** srdce *n*

**heart attack** infarkt *m*

**heat** teplo *n*

**heating** topení *n*

**heavy** těžký

**hello** dobrý den, ahoj

**helmet** přílba *f*

**help** *(noun)* pomoc *f* **101**; **to call for help** přivolat pomoc; **help!** pomoc!

**help** *(verb)* pomáhat/pomoci

**her** jí/ji *(see grammar)*

**here** tady; **here is/are** tady je/jsou

**hers** její *(see grammar)*

**hi!** ahoj!

**high** vysoký

**high blood pressure** vysoký krevní tlak *m*

**hiking** pěší turistika *f*; **to go hiking** chodit na túry

**hill** kopec *m*

**hill-walking** horská turistika *f*; **to go hill-walking** chodit na horské túry

**him** jemu/mu; jeho/ho *(see grammar)*

**himself** sám *m*

**hip** bok *m*

**hire** *(noun)* půjčovna *f*

**hire** *(verb)* půjčovat si/půjčit si **66, 68, 69**

**his** jeho *(see grammar)*

**hitchhike** stopovat *(imperf)*

**hitchhiking** jezdit/jet stopem

**hold** držet/podržet; **hold on!** *(on the phone)* nepokládejte!

**holiday(s)** dovolená *f*; *(from school)* prázdniny *fpl*; *(public)* svátek; **on holiday** na dovolené/na prázdninách **17**

**Holland** Holandsko *n*

**home** domov *m*; **at home** doma; **to go home** jít domů

**homosexual** *(noun)* homosexuál

**homosexual** *(adj)* homosexuální

**honest** čestný

**honeymoon** svatební cesta *f*

**horse** kůň *m*

**hospital** nemocnice *f*

**hot** horký; **hot drink** horký nápoj *m*; **it's hot** je horko

**hot chocolate** horká čokoláda *f*

**hotel** hotel *m* **36**

**hotplate** elektrická plotýnka *f*

**hour** hodina *f*; **an hour and a half** hodinu a půl

**house** dům *m*

**housework** domácí práce *f*; **to do the housework** dělat domácí práce

**how** jak; **how are you?** jak se máš *(sg)*/máte *(pl)*?

**hunger** hlad *m*

**hungry: to be hungry** mít hlad

**hurry: to be in a hurry** spěchat *(imperf)*

**hurry (up)** pospíšit si *(perf)*

**hurt: it hurts** bolí to; **my head hurts** bolí mě hlava

**husband** manžel *m*

## I

**I** já *(see grammar)*; **I'm English** jsem Angličan *m*/Angličanka *f*; **I'm 22 (years old)** je mi 22 let

**ice** led *m*

**ice cube** kostka *f* ledu

**identity card** průkaz *m* totožnosti

**identity papers** doklady *mpl*

**if** jestliže

**ill** nemocný

**illness** nemoc *f*

**important** důležitý

**in** v *(+loc)*; **in England** v Anglii; **in 2006** v roce 2006; **in the 19th century** v 19. století; **in an hour** za hodinu; **in Czech** v češtině

**included** včetně *(+gen)*

**independent** nezávislý

**indicator** ukazatel *m*

**infection** infekce *f* **61**

**information** informace *f*
**injection** injekce *f*
**injured** zraněný
**insect** hmyz *m*
**insecticide** prostředek *m* na hubení hmyzu
**inside** uvnitř
**insomnia** nespavost *f*
**instant coffee** instantní káva *f*
**instead** namísto (toho); **instead of** namísto (+ *gen*)
**insurance** pojištění *n*
**intend: to intend to...** mít v úmyslu...
**international** mezinárodní
**international money order** mezinárodní platební příkaz *m*
**Internet** internet *m*
**Internet café** internetová kavárna *f* 88
**invite** zvát/pozvat
**Ireland** Irsko *n*
**Irish** *(adj)* irský
**Irishman, Irishwoman** Ir *m*/Irka *f*
**iron** *(noun)* žehlička *f*
**iron** *(verb)* žehlit/vyžehlit
**island** ostrov *m*
**it** to *(see grammar)*; **it's beautiful** je to krásné; **it's warm** je teplo
**Italy** Itálie *f*
**itchy: it's itchy** svědí to

## J

**jacket** *(straight)* sako *n*; *(blouson)* bunda *f*
**January** leden *m*
**jetlag** únava *f* z časového posunu

**jeweller's** klenotnictví *n*
**jewellery** šperky *mpl*
**job** práce *f*
**jogging** jogging *m*
**journey** cesta *f*
**jug** karafa *f*
**juice** šťáva *f*; **orange juice** pomerančová šáva *f*, džus *m*
**July** červenec *m*
**jumper** svetr *m*
**June** červen *m*
**just: just before** právě před; **just a little** jen trochu; **just one** jen jeden; **I've just arrived** právě jsem přijel *(m)*/přijela *(f)*; **just in case** v případ (potreby)

## K

**kayak** kajak *m*
**keep** nechávat/nechat (si)
**key** klíč *m* 31, 37
**kidney** ledvina *f*
**kill** zabít *(perf)*
**kilometre** kilometr *m*
**kind: what kind of music is it?** jaká je to hudba?
**kitchen** kuchyně *f*
**knee** koleno *n*
**knife** nůž *m*
**knock down** srazit *(perf)*
**know** vědět *(imperf)* 20; **I don't know** nevím

## L

**ladies' (toilet)** ženy/dámy
**lake** jezero *n*

**lamp** lampa *f*

**landmark** orientační bod *m*

**landscape** krajina *f*

**language** jazyk *m*

**laptop** přenosný počítač *m*

**last** *(adj)* minulý; **last year** loni

**last** *(verb)* trvat *(imperf)*

**late** pozdě **55**

**late-night opening** otevřeno dlouho do noci

**latte** káva *f* latte

**laugh** smích *m*

**launderette** (americká) prádelna *f*

**lawyer** právník *m*

**leaflet** prospekt *m*

**leak** *(noun)* únik *m*

**learn** učit se/naučit se

**least: the least** nejmenší; **at least** alespoň

**leave** odjíždět/odjet

**left** levý; **to the left (of)** vlevo/nalevo (od +*gen*)

**left-luggage (office)** úschovna *f* zavazadel

**leg** noha *f*

**lend** půjčovat/půjčit

**lens** čočka *f*

**lenses** čočky *fpl*

**less** méně; **less than** méně než

**let** nechávat/nechat

**letter** dopis *m*

**letterbox** *(in house)* dopisní schránka *f*; *(in street)* poštovní schránka *f*

**library** knihovna *f*

**life** život *m*

**lift** výtah *m*

**light** *(adj)* lehký; **light blue** světlemodrý

**light** *(noun)* světlo *n*; **do you have a light?** nemáte oheň?

**light** *(verb)* zapalovat/zapálit

**light bulb** žárovka *f*

**lighter** zapalovač *m*

**like** *(adv)* jako

**like** *(verb)* *(person, activity)* mít rád *m*/ráda *f*; *(object)* líbit se **19**; *(food)* chutnat; **I'd like ...** rád *m*/ráda *f* bych ...

**line** linka *f* **29**

**lip** ret *m*

**listen** poslouchat/poslechnout (si) *(+acc)*

**listings magazine** přehled *m* kulturních pořadů

**litre** litr *m*

**little** *(adj)* malý

**little** *(adv)* trochu

**live** *(verb)* žít *(imperf)*

**liver** játra *npl*

**living room** obývací pokoj *m*

**local time** místní čas *m*

**lock** *(noun)* zámek *m*

**lock** *(verb)* zamykat/zamknout

**long** dlouhý; **a long time** dlouho; **how long ...?** jak dlouho ...?

**look** vypadat *(imperf)*; **to look tired** vypadat unaveně

**look after** starat se/postarat se (o +*acc*)

**look at** dívat se/podívat se (na +*acc*)

**look for** hledat *(imperf)*

**look like** vypadat jako/podobat se *(+dat)*

**lorry** nákladní auto *n*

**lose** ztrácet/ztratit **102**; **to get lost** ztratit se; **to be lost** zabloudit **14**

**love** milovat *(imperf)*

**lot: a lot (of)** hodně *(+ gen)*

**loud** hlasitě

**low** nízký

**low blood pressure** nízký krevní tlak *m*

**low-fat** nízkotučný

**luck** štěstí *n*

**lucky: to be lucky** mít štěstí

**luggage** zavazadla *npl* **26**

**lukewarm** vlažný

**lunch** oběd *m*; **to have lunch** obědvat/naobědvat se

**lung** plíce *f*

**luxury** *(noun)* luxus *m*

**luxury** *(adj)* luxusní

---

## M

**magazine** časopis *m*

**maiden name** rodné příjmení *n*

**mail** *(noun)* pošta *f*

**mail** *(verb)* posílat/poslat poštou

**main** hlavní

**main course** hlavní jídlo *n*

**make** dělat/udělat

**man** muž *m*

**manage** řídit *(imperf)*

**manager** manažer *m*

**many** hodně *(+gen)*; **how many?** kolik?; **how many times ...?** kolikrát ...?

**map** mapa *f* **13**, **28**, **61**

**March** březen *m*

**market** trh *m*

**married** *(man)* ženatý; *(woman)* vdaná

**mass** mše *f*

**match** *(for fire)* zápalka *f*; *(game)* zápas

**material** materiál *m*

**matter: it doesn't matter** na tom nezáleží

**mattress** matrace *f*

**May** květen *m*

**maybe** možná

**me** mě/mně *(see grammar)*; **me too** já taky

**meal** jídlo *n*

**mean** znamenat *(imperf)*; **what does ... mean?** co znamená ...?

**medicine** lék *m*

**medium** střední, medium; *(meat)* dobře propečený

**meet** potkávat/potkat **55**

**member** člen *m*

**menu** jídelní lístek *m*

**message** vzkaz *m* **91**

**meter** metr *m*

**metre** metr *m*

**microwave** mikrovlnná trouba *f*

**midday** poledne *n*

**middle** prostřední; **in the middle (of)** uprostřed *(+gen)*

**midnight** půlnoc *f*

**might: it might rain** mohlo by pršet

**mind: I don't mind** je mi to jedno

**mine** můj *m* *(see grammar)*

**mineral water** minerální voda *f*

**minister** ministr *m*

**minute** minuta f; **at the last minute** na poslední chvíli
**mirror** zrcadlo n
**Miss** slečna f
**miss** zmeškat *(perf)* **26**, **29**; **we missed the train** zmeškali jsme vlak; **there are two ... missing** scházejí (mi) dva ...
**mistake** chyba f; **to make a mistake** udělat chybu
**mobile (phone)** mobil m **91**
**modern** moderní
**moisturizer** hydratační krém m
**moment** chvíle f; **at the moment** v tuto chvíli
**monastery** klášter m
**Monday** pondělí n
**money** peníze mpl
**month** měsíc m
**monument** památka f
**mood: to be in a good/bad mood** mít dobrou/špatnou náladu
**moon** měsíc m
**moped** moped m
**Moravia** Morava f
**Moravian** *(noun)* Moravan m/ Moravanka f
**Moravian** *(adj)* moravský
**more** více; **more than** více než; **much more, a lot more** mnohem více; **there's no more ...** ... už není
**morning** ráno n
**morning-after pill** postinor m
**mosquito** komár m
**most: the most** nejvíce; **most people** většina lidí
**mother** matka f

**motorbike** motorka f
**motorway** dálnice f
**mountain** hora f
**mountain bike** horské kolo n
**mountain hut** horská chata f
**mouse** myš f
**mouth** ústa npl, pusa f
**movie** film m
**Mr** pan m
**Mrs** paní f
**much: how much?** kolik; **how much is it?, how much does it cost?** kolik to stojí?
**muscle** sval m
**museum** muzeum n
**music** hudba f
**must** muset; **it must be 5 o'clock** musí být 5 hodin; **I must go** musím jít
**my** můj *(see grammar)*
**myself** sám

# N

**nail** nehet m
**naked** nahý
**name** jméno n **15**; **my name is ...** jmenuji se ...
**nap: to have a nap** zdřímnout si
**napkin** ubrousek m
**nappy** plenka f
**national holiday** státní svátek m
**nature** příroda f
**near** blízko; **near the city centre** blízko centra; **the nearest ...** nejbližší ...
**necessary** nutný
**neck** krk m

**need** potřebovat *(imperf)*
**neighbour** soused *m*/sousedka *f*
**neither: neither do I** ani já ne;
 **neither ... nor ...** ani ... ani ...
**nervous** nervózní
**Netherlands** Nizozemsko *n*
**never** nikdy
**new** nový
**news** zpráva *f*, zprávy *fpl*
**newsagent** prodavač *m* novin
**newspaper** noviny *fpl*
**newsstand** novinový stánek *m*
**next** příští
**New Year** Nový rok *m*
**nice** pěkný; *(person)* sympatický
**night** noc *f* **36**, **38**
**nightclub** noční klub *m*
**nightdress** noční košile *f*
**no** ne; **no, thank you** ne, děkuji;
 **no idea** nevím
**nobody** nikdo
**noise** hluk *m*; **to make a noise**
 dělat rámus
**noisy** hlučný
**non-drinking water** užitková
 voda *f*
**none** žádný
**non-smoker** nekuřák *m*
**noon** poledne *n*
**north** *(noun)* sever *m*; **in the
 north** na severu; **(to the) north
 of** na sever (od +gen)
**north** *(adj)* severní
**nose** nos *m*
**not: they are not here** nejsou
 tady *(see grammar)*; **not yet** ještě
 ne; **not any** ani jeden; **not at all**
 vůbec ne

**note** *(noun)* poznámka *f*
**notebook** poznámkový sešit *m*
**nothing** nic
**novel** román *m*
**November** listopad *m*
**now** teď, nyní
**nowadays** dnes/v dnešní době
**nowhere** nikde
**number** číslo *n*
**nurse** (zdravotní) sestra *f*

## O

**obvious** jasný
**ocean** oceán *m*
**o'clock: one o'clock** hodina *f*;
 **three o'clock** tři hodiny **110**
**October** říjen *m*
**of** z *(+gen) (see grammar)*; **a bottle
 of wine** láhev vína; **one of us**
 jeden z nás
**offer** *(noun)* nabídka *f*
**offer** *(verb)* nabídnout/nabízet
**often** často
**oil** olej *m*
**ointment** mast *f*
**OK** ok
**old** starý; **how old are you?** kolik
 je ti/vám let?; **old people** starší
 lidé
**old town** staré město *n*
**on** na *(+loc)*; **on the table** na
 stole
**once** jednou; **once a day/an hour**
 jednou denně/za hodinu
**one** jeden
**only** jen(om)
**open** *(adj)* otevřený

**open** *(verb)* otevírat/otevřít

**operate** uplatňovat

**operation: to have an operation** být operován

**opinion** názor *m*; **in my opinion** podle mého názoru

**opportunity** příležitost *f*

**opposite** *(adv)* naproti; **the house opposite** dům naproti

**opposite** *(prep)* naproti *(+dat)*

**optician** optik *m*

**or** nebo

**orange** pomeranč *m*

**orchestra** orchestr *m*

**order** *(noun)* objednávka *f*; **out of order** mimo provoz *m*

**order** *(verb)* objednávat/objednat

**organic** bio(logický)

**organize** organizovat/zorganizovat

**other** jiný; **others** ostatní

**otherwise** jinak

**our** náš *(see grammar)*

**ours** náš *(see grammar)*

**outside** ven/venku

**outward journey** cesta *f* tam

**oven** trouba *f*

**over: over there** tam

**overdone** *(meat)* příliš propečený

**overweight: my luggage is overweight** zavazadla nad povolenou váhu

**owe** dlužit *(imperf)*

**own** *(adj)* vlastní; **my own car** moje vlastní auto *n*

**own** *(verb)* vlastnit *(imperf)*

**owner** majitel *m*

## P

**pack: to pack one's suitcase** zabalit si kufr *m*

**package holiday** organizovaný zájezd *m*, zájezd *m* s cestovní kanceláří

**packet** balíček *m*

**painting** malířství *n*

**pair** pár *m*; **a pair of pyjamas** pyžamo *n*; **a pair of shorts** šortky *fpl*

**palace** palác *m*

**pants** spodky *mpl*

**paper** papír *m*; **paper napkin** papírový ubrousek *m*; **paper tissue** papírový kapesník *m*

**parcel** balík *m*

**pardon?** prosím?

**parents** rodiče *mpl*

**park** *(noun)* park *m*

**park** *(verb)* parkovat/zaparkovat

**parking meter** parkometr *m*

**parking space** parkoviště *n*

**part** část *f*; **to be a part of** být součástí *(+gen)*

**party** večírek *m*, party *f*

**pass** *(noun)* průkazka *f*

**pass** *(verb)* procházet/projít

**passenger** pasažér *m*

**passport** pas *m*

**past** *(adj)* minulý; **a quarter past ten** čtvrt na jedenáct

**path** stezka *f*

**patient** pacient *m*

**pay** platit/zaplatit **75**

**pedestrian** pěší

**pedestrianized street** pěší zóna

**pee** čurat/vyčurat se
**peel** loupat/oloupat
**pen** pero *n*, (propisovací) tužka *f*
**pencil** tužka *f*
**people** lidé *mpl* **43**
**percent** procento *n*; **50 percent** padesát procent
**perfect** perfektní
**perfume** parfém *m*
**perhaps** snad
**periods** menstruace *f*
**person** osoba *f*
**personal stereo** walkman *m*
**petrol** benzín *f* **30**
**petrol station** čerpací stanice *f*, benzínová pumpa *f*
**phone** *(noun)* telefon *m* **102**
**phone** *(verb)* telefonovat/zatelefonovat *(+dat)*
**phone box** telefonní kabina *f* **91**
**phone call** telefonický hovor *m*; **to make a phone call** zatelefonovat (si)
**phonecard** telefonní karta *f* **91**
**phone number** telefonní číslo *n*
**photo** fotka *f*; **to take a photo (of)** vyfotografovat *(+acc)* **81**; **to take someone's photo** vyfotografovat *(+acc)*
**picnic** piknik *m*; **to have a picnic** dělat/udělat si piknik
**pie** koláč *m*
**piece** kousek *m*; **a piece of** kousek *(+gen)*; **a piece of fruit** ovoce *n*
**piles** hemoroidy *mpl*
**pill** prášek *m*; **to be on the pill** brát *(imperf)* antikoncepci
**pillow** polštář *m*

**pillowcase** povlak *m* na polštář
**PIN (number)** (kód *m*) PIN, tajný kód *m*
**pink** růžový
**pity: it's a pity** to je škoda
**place** místo *n*
**plan** plán *m*
**plane** letadlo *n*
**plant** rostlina *f*
**plaster** náplast *f*
**plaster cast** sádra *f*
**plastic** plastikový
**plastic bag** igelitová taška *f*
**plate** talíř *m*
**platform** *(for train)* nástupiště *n* **29**
**play** *(noun)* hra *n*
**play** *(verb)* hrát/zahrát si
**please** prosím
**pleased: pleased to meet you!** těšilo mě!
**pleasure** radost *f*; **with pleasure** s radostí
**plug** zásuvka *f*
**plug in** zapojovat/zapojit
**plumber** instalatér *m*
**point** bod *m*
**police** policie *f*
**policeman/policewoman** policista *m*/policistka *f*
**police station** policejní stanice *f* **102**
**poor** chudý
**port** přístav *m*
**portrait** portrét *m*
**Portugal** Portugalsko *n*
**possible** možný
**post** *(noun)* pošta *f*
**postbox** poštovní schránka *f* **87**
**postcard** pohlednice *f*

**postcode** poštovní směrovací číslo *n*, PSČ
**poste restante** poste restante
**poster** plakát *m*
**postman** listonoš *m*
**post office** pošta *f* **87**
**pot** *(for jam)* sklenice *f*; *(for cooking)* hrnec *m*
**pound** *(money)* libra *f*
**powder** prášek *m*
**practical** praktický
**pram** kočárek *m*
**prefer** dávat/dát přednost *(+dat)*
**pregnant** těhotná **98**
**prepare** připravovat/připravit
**present** *(noun)* dárek *m* **79**
**press** tisk *m*
**pressure** tlak *m*
**previous** předchozí
**price** cena *f*
**private** soukromý
**prize** cena *f*
**probably** asi, pravděpodobně
**problem** problém *m*
**procession** procesí *n*
**product** výrobek *m*, produkt *m*
**profession** zaměstnání *m*, profese *f*
**programme** program *m*
**promise** *(noun)* slib *m*
**promise** *(verb)* slibovat/slíbit
**propose** navrhovat/navrhnout
**protect** chránit/ochránit
**proud (of)** pyšný *(na +acc)*
**public** veřejný
**public holiday** svátek *m*, den *m* volna
**pull** tahat/táhnout

**purple** fialový
**purpose: on purpose** schválně
**purse** peněženka *f*, náprsní taška *f*
**push** *(person)* strkat/strčit do *(+gen)*; *(objet)* tlačit/zatlačit
**pushchair** kočárek *m*
**put** dávat/dát
**put up** zvedat/zvednout
**put up with** snášet/snést

## Q

**quality** kvalita *f*; **of good/bad quality** kvalitní/nekvalitní
**quarter** čtvrt *f*; **a quarter of an hour** čtvrt hodiny; **a quarter to ten** tři čtvrtě na deset
**question** otázka *f*
**queue** *(noun)* fronta *f*
**queue** *(verb)* stát frontu
**quick** rychlý
**quickly** rychle
**quiet** tichý, klidný
**quite** zcela; **quite a lot of** docela dost *(+gen)*

## R

**racist** *(adj)* rasistický
**racket** raketa *f*
**radiator** radiátor *m*
**radio** rádio *n*, rozhlas *m*
**radio station** rozhlasová stanice *f*
**rain** *(noun)* déšť *m*
**rain: it's raining** prší
**random: at random** náhodou

**rape** znásilnění *n*
**rare** vzácný, unikátní; *(meat)* krvavý
**rarely** zřídka
**rather** spíš
**raw** syrový
**razor** holicí strojek *m*
**razor blade** žiletka *f*
**reach** *(person)* zastihnout
**read** číst/přečíst
**ready** připravený
**reasonable** rozumný
**receipt** stvrzenka *f* **75, 99**
**receive** *(person)* přijímat/přijmout; *(object)* dostávat/dostat
**reception** recepce *f*; **at reception** na recepci **38**
**receptionist** recepční *mf*
**recipe** recept *m*, předpis *m*
**recognize** poznávat/poznat; *(admit)* uznávat/uznat
**recommend** doporučovat/doporučit
**red** červený; *(hair)* rusý; **red wine** červené víno *n*
**red light** červená
**reduce** snižovat/snížit
**reduction** sleva *f*
**refrigerator** lednička *f*
**refund** *(noun)* vrácení *n* peněz; **to get a refund** dát si proplatit (výlohy) **78**
**refund** *(verb)* vrátit *(perf)* peníze
**refuse** odmítat/odmítnout
**registered** registrovaný
**registration number** státní poznávací značka *f*, SPZ
**remember** vzpomínat si/ vzpomenout si

**remind** připomínat/připomenout
**remove** vzít, odstranit *(perf)*
**rent** *(noun) (for house)* nájemné *m*; **for rent** k pronajmutí
**rent** *(verb)* pronajímat si/ pronajmout si **39**; *(to someone)* pronajímat/pronajmout *(+dat)*; *(car)* půjčovat si/půjčit si
**rental** *(of house)* pronájem *m*; *(of car)* půjčovna *f*
**reopen** znovu otevírat/otevřít
**repair** opravovat/opravit **31**; **to get something repaired** dát si něco opravit
**repeat** opakovat/zopakovat **11**
**reserve** rezervovat/zarezervovat **43, 44**
**reserved** réservé
**rest:** *(noun)* **the rest** zbytek *m*
**rest** *(verb)* odpočívat/odpočinout si
**restaurant** restaurace *f*
**return** vracet se/vrátit se **78**
**return ticket** zpáteční jízdenka
**reverse-charge call** volat/zavolat na účet volaného **91**
**reverse gear** zpátečka *f* or couvat
**rheumatism** revmatismus *m*
**rib** *(of person)* žebro *n*; *(of meat)* žebírko *n*
**right** *(noun)* právo *n*; **to have the right to ...** mít právo ...; **to the right (of)** napravo (od)
**right** *(adj)* správný; **you're right** máš *(sg)*/máte *(pl)* pravdu
**right:** *(adv)* **right away** hned;

**right beside** hned vedle
**ring** zvonek *m*
**ripe** zralý
**rip-off** podvod *m*
**risk** *(noun)* riziko *n*
**risk** *(verb)* riskovat
**river** řeka *f*
**road** silnice *f*
**road sign** značka *f*
**rock** skála *f*
**rollerblades** inlajny *fpl*
**room** místnost *f* **36**, **37**
**rosé wine** růžové víno *n*
**round** kruhový
**roundabout** kruhový objezd *m*
**rubbish** odpadky *mpl*; **to take the rubbish out** vynést odpadky
**rucksack** batoh *m*
**rug** koberec *m*, kobereček *m*
**ruins** trosky *fpl*; **in ruins** v rozvalinách
**run out: I've run out of petrol** došel mi benzín

## S

**sad** smutný
**safe** bezpečný
**safety** bezpečnost *f*
**safety belt** bezpečnostní pás *m*
**sale: for sale** na prodej; **in the sale** v prodeji
**sales** výprodej *m*
**salt** sůl *m*
**salted** (o)solený
**salty** slaný
**same** stejný; **the same** ten samý **45**
**sand** písek *m*

**sandals** sandály *mpl*
**sanitary towel** vložka *f*
**Saturday** sobota *f*
**saucepan** hrnec *m*
**save** *(person)* zachraňovat/zachránit; *(money, time)* ušetřovat/ušetřit
**say** říkat/říci; **how do you say... ?** jak se řekne... ?
**scared: to be scared (of)** mít strach (z +*gen*)
**scenery** krajina *f*
**scissors** nůžky *fpl*
**scoop: one/two scoop(s)** *(of ice cream)* jeden kopeček/dva kopečky
**scooter** skútr *m*
**scotch** *(whisky)* skotská whisky *f*
**Scot** Skot *m*/Skotka *f*
**Scotland** Skotsko *n*
**Scottish** skotský
**sea** moře *n*
**seafood** plody *mpl* moře
**season** roční *n* období
**seat** sedadlo *m*, místo *n* **24**; **to take a seat** posadit se
**second** druhý
**secondary school** střední škola *f*
**second class** druhá třída *f*
**second-hand** second hand, z druhé ruky
**secure** bezpečný
**security** bezpečnost *f*
**see** vidět/uvidět; **see you later!** zatím nashledanou!; **see you soon!** brzy nashledanou!; **see you tomorrow!** zítra nashledanou!

**seem** zdát se *(imperf)*; **it seems that ...** zdá se, že ...

**seldom** zřídka

**self-confidence** sebevìdomí *n*

**sell** prodávat/prodat

**Sellotape®** izolepa *f*

**send** posílat/poslat

**sender** odesílatel *m*

**sense** smysl *m*

**sensitive** citlivý

**sentence** věta *f*

**separate** oddílený

**separately** zvlášť

**September** září *n*

**serious** vážný

**several** několik

**sex** pohlaví *n*

**shade** stín *m*; **in the shade** ve stínu

**shame** ostuda *f*

**shampoo** šampón *m*

**shape** tvar *m*, forma *f*

**share** dělit/rozdělit (se)

**shave** holit se/oholit se

**shaving cream** krém *m* na holení

**shaving foam** pěna *f* na holení

**she** ona *(see grammar)*

**sheet** *(on bed)* povlečení *n*; *(of paper)* list *m*

**shellfish** plody *mpl* moře

**shirt** košile *f*

**shock** náraz *m*

**shocking** šokující

**shoes** boty *fpl*

**shop** obchod *m*

**shop assistant** prodavač *m*/ prodavačka *f*

**shopkeeper** obchodník *m*

**shopping** nákupy *mpl*; **to do the shopping, to go shopping** nakupovat

**shopping centre** nákupní středisko *n*

**short** krátký; **I'm two euros short** schází mi dvě eura

**short cut** zkratka *f*

**shorts** šortky *fpl*

**short-sleeved** s krátkým rukávem

**shoulder** rameno *n*

**show** *(noun)* představení *n* 57

**show** *(verb)* ukazovat/ukázat

**shower** sprcha *f*; **to take a shower** sprchovat se/ osprchovat se

**shower gel** sprchový gel *m*

**shut** *(verb)* zavírat/zavřít

**shut** *(adj)* zavřeno

**shuttle** kyvadlová doprava *f*; *(bus)* autobus *m* na/z letiště

**shy** nesmělý

**sick: I feel sick** chce se mi zvracet

**side** strana *f*

**sign** *(noun)* znamení *n*

**sign** *(verb)* podepisovat/podepsat (se)

**signal** signál *m*

**silent** tichý

**silver** stříbro *n*

**silver-plated** postříbřený

**since** od *(+gen)*

**sing** zpívat/zazpívat

**singer** zpěvák *m*/zpěvačka *f*

**single** jeden; *(unmarried)* svobodný

**single (ticket)** jízdenka *f* tam
**sister** sestra *f*
**sit down** sedat si/sednout si
**size** velikost *f*
**ski** lyžovat
**ski boots** lyžařské boty *fpl*
**skiing** lyžování *f*; **to go skiing** jít /jet lyžovat
**ski lift** vlek *m*
**ski resort** lyžařské středisko *n*
**ski stick** hůlka *f*
**skin** kůže *f*, pleť *f*
**skirt** sukně *f*
**sky** nebe *n*
**skyscraper** mrakodrap *m*
**sleep** *(noun)* spánek *m*
**sleep** *(verb)* spát/vyspat se; **to sleep with** spát s *(+instr)*
**sleeping bag** spací pytel *m*
**sleeping pill** prášek *m* na spaní
**sleepy: to be sleepy** být ospalý
**sleeve** rukáv *m*
**slice** plátek *m*
**sliced** krájený
**slide** diapozitif *m*
**Slovak** *(noun)* Slovák *m*/Slovenka *f*
**Slovak** *(adj)* slovenský
**Slovakia** Slovensko *n*
**slow** pomalý
**slowly** pomalu
**small** malý
**smell** *(noun)* vůně *f*, *(bad)* zápach *m*
**smell** *(verb)* cítit/ucítit; **to smell good/bad** vonět/páchnout
**smile** *(noun)* úsměv *m*
**smile** *(verb)* usmívat se/usmát se

**smoke** kouřit/zakouřit si
**smoker** kuřák *m*/kuřačka *f*
**snack** svačina *f*
**snow** *(noun)* sníh *m*
**snow** *(verb)* sněžit *(imperf)*
**so** tak; **so that** tak, že; tak, aby
**soap** mýdlo *n*
**soccer** fotbal *m*, kopaná *f*
**socks** ponožky *fpl*
**some** nějaký; **some people** někteří lidé
**somebody** někdo
**someone** někdo
**something** nìco; **something else** něco jiného
**sometimes** někdy
**somewhere** někde; **somewhere else** někde jinde
**son** syn *m*
**song** píseň *f*, písnička *f*
**soon** brzy
**sore: I have a sore head** bolí mě hlava
**sorry: I'm sorry** je mi (to) líto; **sorry!** promiň *(sg)*/promiňte *(pl)*
**south** jih *m*; **in the south** na jihu; **(to the) south of** na jih od *(+gen)*
**south** *(adj)* jižní
**souvenir** suvenýr *m*
**Spain** Španělsko *n*
**spare** *(adj)* rezervní
**spare part** náhradní díl *m*
**spare tyre, spare wheel** náhradní kolo *m*
**spark plug** svíčka *f*
**speak** mluvit *(imperf)* **10, 11, 92, 102**

**special** zvláštní; **today's special** nabídka dne

**speciality** specialita *f*

**speed** rychlost *f*; **at full speed** plnou rychlostí

**spell** hláskovat *(imperf)*; **how do you spell it?** jak se to píše?

**spend** *(money)* utrácet/utratit; *(time)* trávit/strávit

**spice** koření *n*

**spicy** kořeněný, pálivý

**spider** pavouk *m*

**splinter** rozbít *(perf)*

**split up** rozdělovat/rozdělit

**spoil** kazit/zkazit

**sponge** houba *f*

**spoon** lžíce *f*

**sport** sport *m*

**sports ground** hřiště *n*

**sporty** sportovně založený

**spot** *(on skin)* pupínek *m*

**sprain: to sprain one's ankle** vymknout si kotník

**spring** *(season)* jaro *n*

**square** náměstí *n*

**stadium** stadión *m*

**stain** skvrna *f*

**stained-glass windows** vitráže *fpl*

**stairs** schody *mpl*, schodiště *n*

**stamp** známka *f* **87**

**start** začínat/začít; *(of car)* startovat/nastartovat

**state** stav *m*; **State** stát *m*

**statement** prohlášení *n*

**station** stanice *f*; *(for trains)* nádraží *n*

**stay** *(n)* pobyt *m*

**stay** *(v)* zůstávat/zůstat; **to stay**

**in touch** zůstat v kontaktu

**steal** okrádat/okrást *(perf)* **102**

**step** krok *m*

**sticking plaster** leukoplast *f*

**still** ještě; *(all the same)* přece

**still water** neperlivá voda *f*

**sting** *(noun)* žihadlo *n*

**sting** *(verb)* píchnout *(perf)* **97**

**stock: out of stock** vyprodaný

**stomach** žaludek *m*

**stone** kámen *m*

**stop** *(noun)* *(for bus)* zastávka *f* **29**

**stop** *(verb)* *(halt)* zastavovat (se)/zastavit (se); *(interrupt)* přestávat/přestat

**stopcock** uzávěr *m* vody

**storey** patro *n*

**storm** bouřka *f*

**straight ahead, straight on** stále rovně

**strange** zvláštní, divný

**street** ulice *f*

**strong** silný

**stuck** zablokovaný

**student** student *m*/studentka *f* **16**, **24**

**studies** studium *n*

**study** studovat/vystudovat; **to study biology** studovat biologii

**style** styl *m*

**subtitled** s titulky

**suburb** předměstí *n*

**suffer** mít *(imperf)* bolesti

**suggest** navrhovat/navrhnout

**suit: does that suit you?** padne vám to?

**suitcase** kufr *m* **26**

**summer** léto *n*

**summit** vrchol *m*

**sun** slunce *n*; **in the sun** na slunci

**sunbathe** sluneční lázeň *f*

**sunburnt: to get sunburnt** dostat úpal

**sun cream** krém *m* na opalování

**Sunday** neděle *f*

**sunglasses** sluneční brýle *fpl*

**sunhat** sluneční klobouk *m*

**sunrise** východ *m* slunce

**sunset** západ *m* slunce

**sunstroke** úžeh *m*; **to get sunstroke** dostat úžeh

**supermarket** supermarket *m* **39**, **74**

**supplement** příplatek *m*

**sure** jistý

**surf** surf *m*

**surfboard** surfovací prkno *n*

**surfing** surfování *n*; **to go surfing** surfovat

**surgical spirit** líh *m*

**surname** příjmení *n*

**surprise** *(noun)* překvapení *n*

**surprise** *(verb)* překvapovat/ překvapit

**sweat** *(n)* pot *m*

**sweat** *(verb)* potit se/zpotit se

**sweater** svetr *m*

**sweet** *(noun)* bonbón *m*

**sweet** *(adj)* sladký

**swim: ** *(noun)* **to go for a swim** jít se koupat

**swim** *(verb)* plavat/zaplavat si

**swimming** plavání *n*

**swimming pool** plovárna *f*

**swimming trunks** plavky *fpl*

**swimsuit** plavky *fpl*

**switch off** *(light)* zhasínat/ zhasnout; *(appliance)* vypínat/ vypnout

**switch on** *(light)* rozsvěcovat/ rozsvítit; *(appliance)* zapínat/ zapnout

**switchboard operator** telefonistka *f*

**swollen** oteklý

**synagogue** synagoga *f*

**syrup** sirup *m*

**table** stůl *m* **43**, **44**

**tablespoon** naběračka *f*

**tablet** prášek *m*, tableta *f*

**take** brát/vzít; **it takes two hours** trvá to dvě hodiny

**take off** *(of plane)* odlétat/odletět

**takeaway** s sebou

**talk** povídat (si) *(imperf)*

**tall** vysoký

**tampon** tampón *m*

**tan** opalovat (se)/opálit (se)

**tanned** opálený

**tap** kohoutek *m*

**taste** *(noun)* chuť *f*

**taste** *(verb)* mít chuť

**tax** poplatek *m*

**tax-free** bez daně

**taxi** taxi *m* **32**

**taxi driver** řidič *m* taxi

**team** tým *m*, družstvo *n*

**teaspoon** (čajová) lžička *f*

**teenager** teenager *m*

**telephone** *(noun)* telefon *m*

**telephone** *(verb)* telefonovat/ zatelefonovat *(+dat)*

**television** televize *f*

**tell** říkat/říci

**temperature** teplota *f* **98**; **to take one's temperature** měřit (si)/změřit (si) teplotu

**temple** chrám *m*

**temporary** dočasný

**tennis** tenis *m*

**tennis court** tenisový kurt *m*

**tennis shoes** tenisky *fpl*

**tent** stan *m*

**tent peg** (stanový) kolík *m*

**terminal** terminál *m*

**terrace** terasa *f*

**terrible** hrozný

**thank** děkovat/poděkovat; **thank you** děkuji ti *(sg)*/vám *(pl)*; **thank you very much** mockrát děkuji

**thanks:** děkuji ti *(sg)*/vám *(pl)*; **thanks to** díky *(+dat)*

**that** tenhle; **that one** tenhle

**the** *(see grammar)*

**theatre** divadlo *n*

**theft** krádež *f*

**their** jejich *(see grammar)*

**theirs** jejich *(see grammar)*

**them** jim, jich *(see grammar)*

**theme park** zábavní park *m*

**then** tehdy

**there** tam; **there is a church over there** tam je kostel; **there are lots of people** je tam hodně lidí

**therefore** proto

**thermometer** teploměr *m*

**Thermos® flask** termoska *f*

**these** tito *m*, tyto *f*, tato *n*; **these ones** tito *m*, tyto *f*, tato *n*

**they** oni *(see grammar)*; **they say that...** říkají, že...

**thief** zloděj *m*

**thigh** stehno *n*

**thin** hubený

**thing** věc *f*; **things** věci *fpl*

**think** myslet (si) *(imperf)*

**think about** přemýšlet (o *+loc*)

**thirst** žízeň *f*

**thirsty: to be thirsty** mít žízeň

**this** ten *m*, ta *f*, to *n*; **this one** tento; **this evening** dnes večer; **this is ...** to je ...

**those** tihle *m*, tyhle *f*, tahle *n*; **those ones** tihle *m*, tyhle *f*, tahle *n*

**throat** krk *m*; **I have a sore throat** bolě mì v krku

**throw** házet/hodit

**throw out** vyhazovat/vyhodit

**Thursday** čtvrtek *m*

**ticket** lístek *m* **57**; *(for train, tram)* jízdenka *f*; *(for plane)* letenka *f* **24**; *(for cinema, museum)* vstupenka *f* **56**

**ticket office** pokladna *f*

**tidy** uklizený

**tie** kravata *f*

**tight** těsný

**tights** punčocháče *mpl*

**time** čas *m*; **what time is it?** kolik je hodin?; **from time to time** čas od času; **on time** včas; **three/four times** třikrát/ čtyřikrát

**time difference** časový posun *m*

**timetable** *(for trains)* jízdní řád *m*; *(for planes)* letový řád *m* **24**
**tinfoil** alobal *m*
**tip** spropitné *n*
**tired** unavený
**tobacco** tabák *m*
**tobacconist's** trafika *f*
**today** dnes
**together** spolu, dohromady
**toilet** toalety *fpl* **10**
**toilet bag** toaletní potřeby *fpl*
**toilet paper** toaletní papír *m*
**toll** dálniční poplatek *m*
**tomorrow** zítra; **tomorrow evening** zítra večer; **tomorrow morning** zítra ráno
**tongue** jazyk *m*
**tonight** dnes večer
**too** taky; **too bad** moc špatný; **too many** příliš mnoho; **too much** příliš mnoho
**tooth** zub *m*
**toothbrush** zubní kartáček *m*
**toothpaste** zubní pasta *f*
**top** vrchol *m*; **at the top** nahoře
**torch** baterka *f*
**touch** dotýkat se/dotknout se
**tourist** turista *m*/turistka *f*
**tourist office** turistické informační centrum *n*
**tourist trap** turistická atrakce *f*
**towards** směrem do/na
**towel** ručník *m*
**town** město *n*
**town centre** centrum *n*
**town hall** radnice *f*
**toy** hračka *f*
**traditional** tradiční

**traffic** provoz *m*
**traffic jam** dopravní zácpa *f* **31**
**train** vlak *m* **29**; **the train to Brno** vlak do Brna
**train station** nádraží *n*
**tram** tramvaj *f*
**transfer** *(of money)* převod *m* (peněz)
**translate** překládat/přeložit
**travel agency** cestovní kancelář *f*
**travel** cestovat *(imperf)*
**traveller's cheque** cestovní šek *m*
**trip** cesta *f*; **have a good trip!** šťastnou cestu!
**trolley** vozík *m*
**trousers** kalhoty *mpl*
**true** pravda *f*
**try** zkoušet/zkusit; **to try to do something** zkusit něco dělat
**try on** vyzkoušet si *(perf)*
**Tuesday** úterý *n*
**tube** metro *n*
**tube station** stanice *f* metra
**turn:** *(noun)* **it's your turn** řada je na tobě *(sg)*/vás *(pl)*
**turn** *(verb)* otáčet se/otočit se
**twice** dvakrát
**type** *(noun)* typ *m*
**type** *(verb)* psát/napsat na počítači
**typical** typický
**tyre** pneumatika

**umbrella** deštník *m*
**uncomfortable** nepohodlný

**under** pod *(+acc/instr)*
**underground** podzemní **28**
**underground line** metro *n*
**underground station** stanice *f*
metra
**underneath** spodní
**understand** rozumět/porozumět
*(+dat)* **11**
**underwear** (spodní) prádlo *n*
**United Kingdom** Spojené
království *n*
**United States** Spojené státy
americké *mpl*
**until** (až) do
**upset** *(person)* uražený
**upstairs** nahoru/nahoře
**urgent** naléhavý
**us** nás *(see grammar)*
**use** používat/použít; **I'm used to
it** jsem na to zvyklý *m*/zvyklá *f*
**useful** užitečný
**useless** zbytečný
**usually** obvykle

## V

**vaccinated (against)** očkován
*m*/očkována *f* (proti *+dat*)
**valid (for)** platný (na *+acc*)
**valley** údolí *n*
**VAT** daň *f* z přidané hodnoty,
DPH
**vegetarian** *(noun)* vegetarián *m*
**vegetarian** *(adj)* vegetariánský
**very** velmi
**view** výhled *m*
**villa** vila *f*
**village** vesnice *f*

**visa** vízum *n*
**visit** *(noun)* návštěva *f*
**visit** *(verb)* navštěvovat/navštívit
**volleyball** volejbal *m*
**vomit** zvracet *(imperf)*

## W

**waist** pas *m*
**wait** čekat/počkat; **to wait for
someone/something** čekat na
koho/co
**waiter, waitress** číšník *m*,
servírka *f*
**wake up** budit (se)/vzbudit (se)
**Wales** Wales *m*
**walk:** *(noun)* **to go for a walk** jít
na procházku **67**, **68**
**walk** *(verb)* procházet se/projít se
**walking: to go walking** jít se
projít
**walking boots** vycházková
obuv *f*
**Walkman®** walkman *m*
**wallet** náprsní taška *f*
**want** chtít
**warm** teplý
**warn** varovat *(imperf)*
**wash:** *(noun)* **to have a wash** mýt
se/umýt se
**wash** mýt/umýt; **to wash one's
hair** umýt si vlasy
**washbasin** umyvadlo *n*
**washing: to do the washing**
prát/vyprat
**washing machine** pračka *f*
**washing powder** prací prášek *m*

**washing-up liquid** prostředek *m* na mytí nádobí

**wasp** vosa *f*

**waste** plýtvat *(imperf)*; *(time)* ztrácet čas

**watch** *(noun)* hodinky *fpl*

**watch** *(verb)* dívat se/podívat se (na +*acc*); **watch out!** dávej *(sg)*/dávejte *(pl)* pozor!

**water** voda *f* **45**

**water heater** ohřívač *m* vody

**waterproof** vodotěsný

**waterskiing** vodní lyžování *n*

**wave** *(noun)* vlna *f*

**way** cesta *f*

**way in** vchod *m*

**way out** východ *m*

**we** my *(see grammar)*

**weak** slabý

**wear** nosit/mít na sobě

**weather** počasí *n*; **the weather's bad** je špatné počasí

**weather forecast** předpověď *f* počasí **22**

**website** webová stránka *f*

**Wednesday** středa *f*

**week** týden *m*

**weekend** víkend *m*

**welcome** vítat/přivítat; **welcome!** vítám tě *(sg)*/vás *(pl)*; **you're welcome** prosím

**well** dobře; **I'm very well** cítím se dobře; **well done** *(meat)* dobře propečený

**well-known** slavný, proslulý

**Welsh** waleský

**Welshman, Welshwoman** Walesan *m*/Walesanka *f*

**west** *(noun)* západ *m*; **in the west** na západě; **(to the) west of** na západ od (+*gen*)

**west** *(adj)* západní

**wet** mokrý

**what** co; **what do you want?** co chceš/chcete?

**wheel** kolo *n*

**wheelchair** kolečkové křeslo *n*

**when** kdy

**where** kam/kde; **where is/are...?** kde je/jsou...?; **where are you going?** *(on foot)* kam jdeš *(sg)*/jdete *(pl)*?; *(by car)* kam jedeš *(sg)*/jedete *(pl)*?; **where are you from?** odkud jsi *(sg)*/jste *(pl)*?

**which** který

**while** zatímco

**white** bílý

**white wine** bílé víno *n*

**who** kdo; **who's calling?** kdo volá?

**whole** celý; **the whole cake** celý koláč

**whose** čí

**why** proč

**wide** široký

**wife** žena, manželka *f*

**wild** divoký

**wind** vítr *m*

**window** okno *n*; **in the window** na okně

**windscreen** přední sklo *n*

**windsurfing** windsurfing *m*

**wine** víno *n* **45**, **46**

**winter** zima *f*

**with** s (+*instr*)

**withdraw** zrušit *(perf)*

**without** bez *(+gen)*
**woman** žena *f*
**wonderful** nádherný
**wood** *(material)* dřevo; *(forest)*
  lesík *m*
**wool** vlna *f*
**woollen** vlněný
**work** *(noun)* práce *f*; **work of art**
  umělecká práce
**work** *(verb)* pracovat *(imperf)* **16**
**world** svět *m*
**worse** horší; **to get worse**
  zhoršovat se/zhoršit se; **it's**
  **worse (than)** je to horší (než)
**worth: to be worth** mít cenu;
  **it's worth it** stojí to za to
**wound** zranění *n*
**wrist** zápěstí *n*
**write** psát/napsat **12**, **75**
**wrong** špatný, mylný

## XYZ

**X-rays** rentgen *m*

**year** rok *m*
**yellow** žlutý
**yes** ano
**yesterday** včera; **yesterday**
  **evening** včera večer
**you** ty/vy *(see grammar)*
**young** mladý
**your** tvůj/váš *(see grammar)*
**yours** tvůj/váš *(see grammar)*
**youth hostel** ubytovna *f* pro
  mládež, hostel *m*

**zero** nula *f*
**zip** zip *m*
**zoo** zoo *f*
**zoom (lens)** zoom *m*

# DICTIONARY

## CZECH-ENGLISH

Note: in Czech **ch** is a single letter and follows **h** in the alphabet; letters with the "hook" over the top follow the unaccented version in the alphabet, eg **č** follows **c**.

Verbs are presented in imperfective/perfective pairs, eg **dávat/dát**.

With some adverbs one needs to distinguish between the version that denotes direction (towards) and the version that denotes location or stationary position, eg "I am going upstairs (**nahoru**)" BUT "the bathroom is upstairs (**nahoře**)"; similarly, with prepositions, direction (+*acc*) or location (+*loc*) is indicated as follows: (**na** +*acc/loc*).

## A

**a** and
**ačkoli** although
**adaptátor** *m* adaptor
**adresa** address
**ahoj!** hi!; bye!
**ale** but
**alergický** allergic
**alespoň** at least
**alkohol** *m* alcohol
**alobal** *m* tinfoil
**ambasáda** *f* embassy
**americký** American
**Američan** *m*/**Američanka** *f*
  American
**anestesie** *f* anaesthetic
**anglický** English
**anglicky** English; **mluvíte
  anglicky?** do you speak English?

**Angličan** *m*/**Angličanka** *f*
  Englishman/Englishwoman
**angličtina** *f* English
**Anglie** *f* England
**ani ... ani...** neither... nor
**ano** yes
**antibiotika** antibiotics
**antikoncepce** *f* contraception;
  **brát antikoncepci** to be on
  the pill
**antikoncepční** contraceptive
**asi** probably
**aspirín** *m* aspirin
**astma** *n* asthma
**auto** *n* car
**autobus** *m* bus, coach; **autobus
  na/z letiště** airport shuttle service
**autobusová zastávka** *f* bus stop
**autobusové nádraží** *n* bus station

**balíček** *m* packet
**balík** *m* parcel
**balkón** *m* balcony
**banka** *f* bank
**bankomat** *m* cashpoint
**bankovka** *f* banknote
**bar** *m* bar
**barbecue** *n* barbecue
**barva** *f* colour
**baterie** *f* battery
**baterka** *f* torch
**batoh** *m* rucksack
**bavlna** *f* cotton
**během** *(+gen)* during; **během týdne** during the week
**benzín** *m* petrol
**benzínová pumpa** petrol station
**bez** *(+gen)* without
**bez daně** tax-free
**bezlepkový** gluten-free
**bezpečnost** *f* safety; security
**bezpečnostní pás** *m* safety belt
**bezpečný** safe; secure
**bezplatně** free
**bílý** white; **bílé víno** white wine
**bio(logický)** organic
**blesk** *m* flash
**blízko** near; **blízko centra** near the city centre
**bod** *m* point
**bok** *m* hip
**bolest** *f* pain
**bolet: bolí to** it hurts; **bolí mě hlava** I have a headache; **bolí mě v krku** I have a sore throat
**bonbón** *m* sweet

**botanická zahrada** *f* botanical garden
**boty** *fpl* shoes
**bouřka** *f* storm
**brada** *f* chin
**brána** *f* gate
**brát/vzít** to take; **brát/nabrat plnou nádrž** to fill up with petrol
**bratr** *m* brother
**brožura** *f* brochure
**brýle** *fpl* glasses
**brzda** *f* brake
**brzdit/zabrzdit** to brake
**brzy** early, soon; **brzy nashledanou!** see you soon!
**březen** *m* March
**budík** *m* alarm clock
**budit (se)/vzbudit (se)** to wake up
**budova** *f* building
**bunda** *f* jacket
**být** be; **jsem ze Skotska** I come from Scotland
**byt** *m* flat
**bývalý** former, ex-

**C**

**cédéčko** *n* CD
**celnice** *f* customs
**celý** whole, entire
**cena** *f* price; prize; **mít cenu** to be worth (it); **to nemá cenu** it's not worth it, there's no point
**centimetr** *m* centimetre
**centrum** *n* (town) centre
**cesta** *f* road; way; journey; **cesta tam** outward journey

**cestovat** *(imperf)* to travel
**cestovní kancelář** *f* travel agency
**cestovní šek** *m* traveller's cheque
**cigareta** *f* cigarette
**cigaretový papír** *m* cigarette paper
**cirkus** *m* circus
**cítit/ucítit** to feel, to sense; to smell; **cítit se dobře/špatně** to feel well/ill
**citlivý** sensitive
**cizí** foreign
**cizinec** *m*/**cizinka** *f* foreigner
**co** what; **co se děje?** what's happening?; **co se stalo?** what's happened, what's the matter?; **co nejdřív** as soon as possible
**Coca-cola** *f* Coke®
**cukrovka** *f* diabetes
**cyklistická stezka** *f* cycle path

**červený** red; **červené víno** red wine
**český** Czech
**čestný** honest
**čí** whose
**číslo** *n* number
**číst/přečíst** to read
**čistírna** *f* dry cleaner's
**čistit/vyčistit** to clean
**čistý** clean
**číšník** *m* waiter
**člen** *m*/**členka** *f* member
**čočka** *f* lens
**čočky** *fpl* lenses
**čokoláda** *f* chocolate
**čtvrť** *f* district
**čtvrt** *f* quarter; **čtvrt hodiny** a quarter of an hour; **tři čtvrtě na deset** a quarter to ten
**čtvrtek** *m* Thursday
**čurat/vyčurat se** to pee

## Č

**čas** *m* time; **čas od času** from time to time
**časopis** *m* magazine
**časový posun** *m* time difference
**část** *f* part
**často** often
**Čech** *m*/**Češka** *f* Czech
**čekat/počkat (na někoho)** to wait (for someone)
**čelo** *n* forehead
**černý** black
**čerpací stanice** *f* petrol station
**červen** *m* June
**červenec** *m* July

## D

**daleko** far; **daleko od** *(+gen)* far from
**dalekohled** *m* binoculars
**dálnice** *f* motorway
**dálniční poplatek** *m* toll
**dámy** ladies, ladies' toilet
**daň** *f* **z přidané hodnoty** VAT
**dárek** *m* present
**dárkové balení** *n* gift wrap
**datum** *n* date
**dávat/dát** to give; to put
**dcera** *f* daughter
**debitní karta** *f* debit card
**deklarovat** to declare

**děkovat/poděkovat** thank;
  **děkuji** thank you; **mockrát**
  **děkuji** thank you very much
**dělat/udělat** to make, to do
**dělit/rozdělit (se)** to share
**den** *m* day
**deodorant** *m* deodorant
**déšť** *m* rain
**deštník** *m* umbrella
**děti** *fpl* children
**dezert** *m* dessert
**dezinfikovat/vydezinfikovat** to
  disinfect
**diabetik** *m* diabetic
**diesel** *m* diesel
**dieta** *f* diet; **držet dietu** to be on
  a diet
**digitální fotoaparát** *m* digital
  camera
**díky** thanks; **díky** (*+dat*) thanks
  to
**disko(téka)** *f* disco
**dispozice: k dispozici** available
**dít se: co se děje?** what's
  happening?
**dítě** *n* child
**divadlo** *n* theatre
**dívat se/podívat se (na +***acc***)**
  to look at, to watch
**dívka** *f* girl
**divný** strange
**divoký** wild
**dlouho** a long time; **jak**
  **dlouho ...?** how long …?
**dlouhý** long
**dlužit** (*imperf*) to owe
**dnes** today; nowadays; **dnes**
  **večer** tonight

**dnešní: v dnešní době**
  nowadays
**dno** *n* bottom; **do dna!** bottoms up!
**do (až do)** (*+gen*) until, into
**doba** *f* period (of time)
**dobrý** good; **dobrý den** hello;
  **dobré ráno** good morning;
  **dobrý večer** good evening;
  **dobrou noc** goodnight; **dobrou**
  **chuť!** enjoy your meal!
**dobře** well
**docela** quite; **docela dost** (*+gen*)
  quite a lot of
**dočasný** temporary
**dodatečný** extra
**dohromady** altogether
**dojít: došel mi benzín** I have run
  out of petrol
**doklady** *mpl* identity papers
**dole/dolů** downstairs
**doma** at home; **jít domů** to go home
**domácí práce** *f* housework
**domov** *m* home
**dopis** *m* letter
**dopisní schránka** *f* letterbox
**doporučený (dopis** *m***)** registered
  (letter)
**doporučovat/doporučit** to
  recommend
**dopravní zácpa** *f* traffic jam
**dost** enough
**dostávat/dostat** to get, to receive
**dotýkat se/dotknout se** to touch
**doutník** *m* cigar
**dovolená** *f* holiday; **na dovolené**
  on holiday
**drahý** dear; expensive
**drobné** *mpl* small change

**drogy** *fpl* drugs
**druhý** second; **druhá třída** second class; **z druhé ruky** second-hand
**držet/podržet** to hold
**dřevo** *n* wood *(material)*
**dřez** *m* (kitchen) sink
**dřív(e)** before, earlier, sooner
**duben** *m* April
**důležitý** important
**dům** *m* house
**dvakrát** twice
**dveře** *fpl* door
**džus** *m* juice; **pomerančový džus** orange juice

**fax** *m* fax
**festival** *m* festival
**fialový** purple
**film** *m* movie; film *(for camera)*; **dát si vyvolat film** to get a film developed
**forma** *f* shape
**fotbal** *m* soccer
**fotit/vyfotit** to photograph
**fotka** *f*, **fotografie** *f* photo
**fotoaparát** *m* camera
**Francie** *f* France
**fronta** *f* queue; **stát frontu** to queue

**elektrický** electric
**elektroinstalatér** *m* electrician
**elektroměr** *m* electricity meter
**elektřina** *f* electricity
**e-mail** *m* e-mail
**e-mailová adresa** *f* e-mail address
**epileptický** epileptic
**euro** *n* euro
**eurošek** *m* Eurocheque
**Evropa** *f* Europe
**evropský** European
**expresní** express
**expreso** *n* espresso

**galerie** *f* gallery
**garáž** *f* garage
**gáza** *f* gauze
**golf** *m* golf
**golfové hřiště** *n* golf course
**gram** *m* gram
**gynekolog** *m* gynaecologist

**H**

**hasiči** *mpl* fire brigade
**hašiš** *m* hashish
**havarijní pojištění** *n* comprehensive insurance
**havarijní služba** *f* breakdown service
**házet/hodit** to throw
**hemoroidy** *mpl* piles
**hi-fi** hi-fi
**hlad** hunger; **mít hlad** to be hungry
**hlad** *m* hunger

**F**

**fakt** *m* fact; **fakt!** really!; **fakt?** really?
**fakturovat** *(imperf)* to charge, to invoice
**fanoušek** *m* fan

**hlasitě** loud, loudly
**hláskovat** *(imperf)* to spell
**hlava** *f* head
**hlavní** main; **hlavní jídlo** main course
**hledat** *(imperf)* to look for
**hluboký** deep
**hlučný** noisy
**hluchý** deaf
**hluk** *m* noise
**hmyz** *m* insect
**hned** right away, immediately
**hnědý** brown
**ho** him
**hodina** *f* hour; **hodinu a půl** an hour and a half
**hodinky** *fpl* watch
**hodně** (+gen) lot, a lot (of)
**Holandsko** *n* Holland
**holicí strojek** *m* razor; **elektrický holicí strojek** electric shaver
**holič** *m* (men's) hairdresser, barber's
**holit se/oholit se** to shave
**homosexuál** *m* homosexual
**homosexuální** homosexual
**hora** *f* mountain
**horečka** *f* fever; **mít horečku** to have a fever
**horká čokoláda** *f* hot chocolate
**horký** hot; **horký nápoj** hot drink; **je horko** it's hot
**horolezectví** *n* (rock) climbing
**horská chata** *f* mountain hut
**horská turistika** *f* hill-walking
**horské kolo** *n* mountain bike
**horší** worse
**hoří!** fire!
**host** *m* guest

**hostel** *m* youth hostel
**hotel** *m* hotel
**hotovost** *f* cash; **platit v hotovosti** to pay cash
**houba** *f* sponge
**hovor** *m* (telephone) call
**hra** *f* game; play
**hračka** *f* toy
**hrad** *m* castle
**hrát/zahrát si** to play
**hrnec** *m* saucepan; pot
**hrozný** terrible
**hruď** *f* chest, breast
**hřbitov** *m* cemetery
**hřeben** *m* comb
**hřiště** *n* sports ground, field
**hubený** thin
**hudba** *f* music
**hůlka** *f* ski stick
**hydratační krém** *m* moisturizer

## CH

**chladný** cool, chilled; **je chladno** it's cool
**chléb** *m* bread
**chodit/jít** to go, to walk
**chrám** temple
**chránit/ochránit** to protect
**chřipka** *f* flu
**chtít** to want; **chci číst** I want to read; **chtěl** *(m)***/chtěla** *(f)* **bych pivo** I'd like a beer
**chudý** poor
**chuť** *f* taste; appetite
**chutnat** *(imperf)* to taste good
**chvíle** *f* moment, while; **v tuto chvíli** at the moment

**chyba** f mistake; **udělat chybu** to make a mistake

**chytat/chytit** to catch

# I

**igelitová taška** plastic bag, carrier bag

**infarkt** m heart attack

**infekce** f infection

**informace** f information

**injekce** f injection

**inlajny** fpl rollerblades

**instalatér** m plumber

**instantní káva** f instant coffee

**internet** m Internet

**internetová kavárna** f Internet café

**invalidní** disabled, handicapped

**Ir** m/**Irka** f Irishman/Irishwoman

**Irsko** n Ireland

**irský** Irish

**Itálie** f Italy

**izolepa** f Sellotape®

# J

**já** I

**jak** how; **jak se máš/máte?** how are you?

**jakmile** as soon as

**jako** like, as; **tak jako** as well as

**jaký** m, **jaká** f, **jaké** n...? what kind of...?

**jaro** n spring

**jasný** obvious, clear

**játra** npl liver

**jazyk** m language; tongue

**je to..., to je...** this is..., that is... it is...; **je to krásné** it's beautiful

**jeden** m, **jedna** f, **jedno** n one; **jeden z nás** one of us

**jedno: je mi to jedno** I don't mind, it's all the same to me

**jednou** once; **jednou denně/za hodinu** once a day/an hour

**jeho** his; him

**její** hers

**jejich** their; theirs

**jemu** him

**jen** just, only; **jen trochu** just a little; **jen jeden** just one; **pro případ (potřeby)** just in case

**jestliže** if

**ještě** still; **ještě jednou** same again; **ještě ne** not yet

**jezdit/jet** to travel; **jezdit/jet stopem** to hitchhike

**jezero** n lake

**jí/ji** her

**jídelní lístek** m menu

**jídlo** n food; meal; dish, course; **hlavní jídlo** main course

**jih** m south; **na jihu** in the south; **na jih od** (+gen) to the south of

**jim, jich** them

**jinak** otherwise

**jiný** another, other

**jíst/najíst se** to eat

**jistě** certainly, of course

**jistý** sure, certain

**jít** to go; **jít s** (+instr) to go with; **jít ven** to go out; **jít na procházku** to go for a walk; **jít pro někoho/ něco** to go and fetch someone/ something

**jízdenka** f **(tam)** (single) ticket
**jízdní řád** m timetable
**jižní** south, southern
**jméno** n (first) name
**jmenovat** name; **jmenovat se**
to be called; **jmenuji se…** my
name is…
**jogging** m jogging

## K

**kabelka** f handbag
**kadeřník** m (women's) hairdresser
**kachna** f duck
**kajak** m kayak
**kalhoty** mpl trousers
**kam** where
**kámen** m stone
**kanál** m TV channel; drain, canal
**kapesník** m handkerchief
**kapky** fpl drops
**kaple** f chapel
**karafa** f jug, carafe
**karavan** m caravan
**karta** f card
**kartáč** m brush
**kartáček** m **(zubní)** toothbrush
**kašel** m cough; **mít kašel** to have
a cough
**kašlat** (imperf) to cough
**katastrofa** f disaster
**katedrála** f cathedral
**kauce** f deposit
**káva** f coffee
**kavárna** f café
**kazit/zkazit** to spoil, to ruin
**každý** everybody, everyone
**kde** where

**kdo** who; **kdo volá?** who's calling?
**kdy** when
**kemp** m campsite
**kempování** n camping
**kempovat** (imperf) to go camping
**kilometr** m kilometre
**kino** n cinema
**klášter** m monastery
**klenotnictví** n jeweller's
**klíč** m key
**klidný** quiet, calm
**klima** n climate
**klimatizace** f air conditioning
**klobouk** m hat
**kniha** f book
**knihkupectví** n bookshop
**knihovna** f library
**koberec** m carpet
**kobereček** m rug
**kocovina** f hangover
**kočárek** m pram; pushchair
**kohoutek** m tap
**kojenecká láhev** f baby's bottle
**koláč** m (fruit) pie, cake
**kolečkové křeslo** n wheelchair
**kolem** around
**koleno** n knee
**kolik** how much, how many; **kolik
je ti/vám let?** how old are you?
**kolík** m **(stanový)** tent peg
**kolo** n bicycle; wheel
**koloniál** m grocer's
**komár** m mosquito
**komín** m chimney
**koncert** m concert
**koncertní síň** f concert hall
**končit/skončit** to finish
**kondom** m condom

**konec** *m* end
**konečně** finally
**konsulát** *m* consulate
**kontakt** *m* contact
**kontaktní čočky** *fpl* contact lenses
**kontaktovat/zkontaktovat** to contact
**kontrolovat/zkontrolovat** to check, to inspect
**konzerva** *f* can (n)
**kopaná** *f* football, soccer
**kopec** *m* hill
**kopeček** scoop; **jeden kopeček/dva kopečky** one/two scoop(s)
**kořeněný** spicy
**koření** *n* spice
**kostel** *m* church
**kostka** *f* **ledu** ice cube
**koš** *m* **(na smetí, na odpadky)** (rubbish) bin
**košile** *f* shirt
**kotník** *m* ankle
**koupat se/vykoupat se** to take a bath
**koupat: jít se koupat** to go for a swim
**koupel** *f* bath
**koupelna** *f* bathroom
**kouřit/zakouřit si** to smoke
**kousek** *m* bit, piece
**kousnout** *(perf)* to bite
**kousnutí** *n* bite
**krádež** *f* theft
**kraj** *m* area; **v kraji** in the area
**krájený** sliced
**krajina** *f* landscape; scenery
**krásný** beautiful
**krátký** short

**kravata** *f* tie
**kreditní karta** *f* credit card
**krém** *m* **na holení** shaving cream
**krém** *m* **na opalování** sun cream
**krém** *m* **po opalování** aftersun cream
**krev** *f* blood
**krevní tlak** *m* blood pressure
**krk** *m* neck; throat; **bolí mě v krku** I have a sore throat
**krok** *m* step
**kromě** *(+gen)* except
**kruhový objezd** *m* roundabout
**kruhový** round
**krvácet** *(imperf)* to bleed
**krvavý** rare *(meat)*
**křehký** fragile
**křičet** *(imperf)* to shout
**kříž** *m* cross
**křižovatka** *f* intersection, crossing
**který** which; who; **ten pán, který ...** the man who ...
**kuchyně** *f* kitchen
**kufr** *m* suitcase; (car) boot
**kůň** *m* horse
**kupovat/koupit** to buy
**kuřák** *m*/**kuřačka** *f* smoker
**kus** piece; item; **za kus** per item
**kůže** *f* skin
**kvalita** *f* quality
**kvalitní** of good quality
**květen** *m* May
**kvůli** *(+dat)* because of, for the sake of
**kyvadlová doprava** *f* shuttle service

**laciný** cheap
**láhev** *f* bottle; **láhev vína** a bottle of wine
**lahůdky** *fpl* deli
**lampa** *f* lamp
**led** *m* ice
**leden** *m* January
**lednička** *f* fridge
**ledvina** *f* kidney
**lehký** light
**lék** *m* medicine
**lékárna** *f* chemist's
**lékař** *m*/**lékařka** *f* doctor
**lepší** better
**les** *m* forest
**lesík** *m* wood, small forest
**let** *m* flight
**letadlo** *n* aeroplane
**létat/letět** to fly
**letecká pošta** *f* airmail
**letecká společnost** *f* airline
**letenka** *f* air ticket
**letiště** *n* airport
**léto** *n* summer
**letový řád** *m* timetable
**leukoplast** *f* sticking plaster
**levný** cheap
**levý** left
**líbit se** to like; **to se mi líbí** I like it
**libra** *f* pound (sterling)
**lidé** *mpl* people
**líh** *m* spirit; **čistý líh** surgical spirit
**linka** *f* line
**list** *m* sheet of paper

**lístek** *m* **(se slevou)** (discounted) ticket
**listonoš** *m* postman
**listopad** *m* November
**líto: je mi (to) líto** (I'm) sorry
**litr** *m* litre
**loď** *f* boat, ship
**loni** last year
**loupat/oloupat** to peel
**luxus** *m* luxury
**luxusní** luxury
**lyžařské boty** *fpl* ski boots
**lyžařské středisko** *n* ski resort
**lyže** *fpl* skis
**lyžování** *f* skiing
**lyžovat** to ski; **jít /jet lyžovat** to go skiing
**lžíce** *f* spoon
**lžička (čajová)** *f* teaspoon

## M

**majitel** *m* owner
**malířství** *n* painting
**malý** little, small
**manažer** *m* manager
**manžel** *m* husband
**manželka** *f* wife
**mapa** *f* map
**mast** *f* ointment
**materiál** *m* material
**matka** *f* mother
**matrace** *f* mattress
**mě/mně** me
**měna** *f* currency
**méně** less; **méně než** less than
**měnit/vyměnit** to change
**menstruace** *f* periods

**měsíc** *m* month; moon
**město** *n* city; town
**metr** *m* meter
**metro** *n* tube, metro
**mezi** *(+acc/instr)* among; *(+instr)* between
**mezinárodní** international
**mezinárodní platební příkaz** *m* international money order
**mikrovlnná trouba** *f* microwave
**milovat** *(imperf)* to love
**miminko** *n* baby
**mimo** outside of, past, by; **mimo provoz** out of order
**míň** see **méně**
**mince** *f* coin
**minerální voda** *f* mineral water
**ministr** *m* minister
**minulý** previous, last; **minulý týden** last week
**minuta** *f* minute
**mísa** *f*, **miska** *f* bowl
**místní čas** *m* local time
**místnost** *f* room
**místo** *n* place; seat
**mít** *(imperf)* **bolesti** to be in pain
**mít** *(imperf)* to have; **mít rád** *m*/**ráda** *f (person, activity)* to like; **mít (toho) dost** to be fed up with (something);
**mladý** young
**mluvit** *(imperf)* to speak
**mobil** *m* mobile (phone)
**moc** very, too
**moci** can, to be able to; **nemůžu** I can't; **mohl bych** I could
**moderní** modern
**modrý** blue

**mokrý** wet
**moped** *m* moped
**Morava** *f* Moravia
**Moravan** *m*/**Moravanka** *f* Moravian
**moravský** Moravian
**moře** *n* sea
**most** *m* bridge
**motor** *m* engine
**motorka** *f* motorbike
**moucha** *f* fly
**možná** maybe
**možný** possible
**mrakodrap** *m* skyscraper
**mravenec** *m* ant
**mraznička** *f* freezer
**mrtvý** dead
**mše** *f* Mass
**mu** him
**můj** my; mine
**muset** to have to; **musím jít** I have to go
**muzeum** *n* museum
**muž** *m* man; **muži** men; gents' (toilet)
**my** we
**myčka** *f* **nádobí** dishwasher
**mýdlo** *n* soap
**mylný** wrong, erroneous
**myslet (si)** *(imperf)* to think
**myš** *f* mouse
**mýt/umýt** to wash; **mýt se/umýt se** to have a wash

# N

**na** *(+acc/loc)* on
**naběračka** *f* ladle

**nabídka** _f_ offer; **nabídka dne** today's special
**nabídnout/nabízet** to offer
**nádherný** wonderful
**nádobí** _n_ dishes; **mýt/umýt nádobí** to do the dishes
**nádraží** _n_ train station
**nádrž: brát/nabrat plnou nádrž** to fill up with petrol
**nadváha** _f_ excess
**náhodou** random; at random
**nahoru/nahoře** upstairs
**nahoře** at the top; above
**náhradní díl** _m_ spare part
**náhradní kolo** _m_ spare tyre, spare wheel
**nahý** naked
**nacházet/najít** to find
**nachlazený: být nachlazený** to have a cold
**nájemné** _m_ rent (n)
**nakažlivý** contagious
**nákladní auto** _n_ lorry
**nákup** _m_ shopping
**nákupní středisko** _n_ shopping centre
**nakupovat** to do the shopping, to go shopping
**nálada: mít dobrou/špatnou náladu** to be in a good/bad mood
**naléhavý** urgent; **naléhavý případ** emergency
**nalevo od** (+_gen_) to the left of
**náměstí** _n_ square
**namísto** (+_gen_) instead of
**napadat/napadnout** to attack
**náplast** _f_ Elastoplast®
**nápoj** _m_ drink

**napravo od** (+_gen_) to the right of
**naproti** (+_dat_) opposite
**náprsní taška** _f_ wallet
**náraz** _m_ bump
**narazit** (_perf_) to impact
**nárazník** _m_ bumper
**narození: datum** _n_ **narození** date of birth
**narozeniny** _fpl_ anniversary; birthday
**nás** us
**nashledanou** goodbye; **zatím nashledanou** see you later!
**nástup** _m_ **(do letadla)** boarding
**nástupiště** _n_ (railway) platform
**náš** our; ours
**náušnice** _fpl_ earrings
**navrhovat/navrhnout** to propose, to suggest
**návštěva** _f_ visit
**navštěvovat/navštívit** to visit
**názor** _m_ opinion; **podle mého názoru** in my opinion
**naživu** alive
**ne** no; **nevím** I don't know; **není** it isn't
**nebe** _n_ sky
**nebezpečný** dangerous
**nebo** or
**něco** something; **něco jiného** something else
**neděle** _f_ Sunday
**nehet** _m_ fingernail; toenail
**nehoda** _f_ accident
**nechávat/nechat** to let; to leave; to have (something done); **nechat si** to keep, to retain
**nějaký** some
**nejbližší** nearest

**nejdřív** first (of all)

**nejlépe** the best; **co nejlépe** as well as possible

**nejlepší** best

**nejmenší** least

**nejvíc(e)** most

**někde** somewhere; **někde jinde** somewhere else

**někdo** somebody

**někdy** sometimes

**několik** several, a few

**některý** some; **někteří lidé** some people

**nekuřák** m non-smoker

**Německo** n Germany

**nemoc** f illness

**nemocnice** f hospital

**nemocný** ill

**nenávidět** (imperf) to hate

**neperlivá voda** f still water

**nepohodlný** uncomfortable

**nepokládejte!** hold on! (on the phone)

**nervózní** nervous

**nesmělý** shy

**nespavost** f insomnia

**nevolno: je mi nevolno** I don't feel well; I feel sick

**nezávislý** independent

**nic** nothing

**nikde** nowhere

**nikdo** nobody

**nikdy** never

**nízkotučný** low-fat

**nízký** low; **nízký krevní tlak** m low blood pressure

**Nizozemsko** n Netherlands

**noc** f night

**noční klub** m nightclub

**noční košile** f nightdress

**noha** f foot; leg

**nos** m nose

**nosit/nést** to carry

**nouze: v nouzi** in an emergency

**nouzový východ** m emergency exit

**novinový stánek** m newsstand

**noviny** fpl newspaper

**nový** new

**Nový rok** m New Year

**nula** f zero

**nutný** necessary

**nůž** m knife

**nůžky** fpl scissors

**nyní** now

# O

**o** (+loc) about, around, concerning

**oba** mpl, **obě** f/npl both

**obálka** f envelope

**obecný** general

**oběd** m lunch

**obědvat/naobědvat se** to have lunch

**obchod** m shop

**obchodní dům** m department store

**obchodník** m shopkeeper; businessman

**objednávat/objednat** to order

**objednávka** f order

**oblečení** n clothes

**oblékání** n getting dressed, dressing

**oblékat se/obléknout se** to get dressed

**oblíbený** favourite

**obličej** *m* face

**obsazený** engaged; occupied

**obvaz** *m* bandage

**obvodní/praktický lékař** *m* GP

**obvykle** usually

**obývací pokoj** *m* living room

**oči** *fpl* eyes

**očkován** *m*/**očkována** *f* (**proti** +*dat*) vaccinated (against)

**od** (+*gen*) since, from; **od... do...** (+*gen*) from… to…

**oddělení** *n* compartment; department

**oddělený** separate

**odesílatel** *m* sender

**odchazet/odejít** to go away (on foot)

**odjezd** *m* departure

**odjíždět/odjet** to leave, to go away

**odkud** from where; **odkud jste?** where are you from?

**odlet** *m* departure

**odlišný** different

**odmítat/odmítnout** to refuse

**odpadky** *mpl* rubbish; **vynést odpadky** to take the rubbish out

**odpočívat/odpočinout si** to rest

**odpoledne** *n* afternoon

**odpověď** *f* answer

**odpovídat/odpovědět** to answer

**odstranit** to remove

**odsud** from here, away; **10 kilometrů odsud** 10 kilometres away

**odtáhnout** (*perf*) to tow away

**oheň** *m* fire; light

**ohňostroj** *m* fireworks

**ohřívač** *m* **vody** water heater

**ok** OK

**okno** *n* window; **na okně** in the window

**oko** *n* eye

**okrádat/okrást** (*perf*) to rob

**olej** *m* oil

**omdlít** to have a blackout, to faint

**omlouvat se/omluvit se** to apologize

**omluva** *f* excuse

**on** *m*/**ona** *f* he/she

**onemocnět** (*perf*) to fall ill

**oni** they

**opačný** opposite

**opak** *m* opposite, reverse

**opakovat/zopakovat** to repeat

**opálený** tanned

**opalovat se/opálit se** to get a tan

**opatství** *n* abbey

**operovat: být operován** to have an operation

**opilý** drunk

**opožděno** delayed

**opravovat/opravit** to repair

**optik** *m* optician

**organizovaný zájezd** *m* package holiday

**organizovat/zorganizovat** to organize

**orchestr** *m* orchestra

**orientační bod** *m* landmark

**orientační smysl** *m* sense of direction

**osoba** *f* person

**osobní věci** *fpl* (personal) belongings

**osolený** salted

**ospalý: být ospalý** to be sleepy
**ostatní** remaining, other
**ostrov** *m* island
**ostuda** *f* shame
**osuška** *f* bath towel
**otáčet se/otočit se** to turn round
**otázka** *f* question
**otec** *m* father
**oteklý** swollen
**otevírat/otevřít** to open
**otevřený** open *(adj)*; **otevřeno dlouho do noci** late-night opening
**otrava** *f* **ze zkažených potravin** food poisoning
**otvírač** *m* **lahví** bottle opener; **otvírač na konzervy** can opener

## P

**pacient** *m* patient
**padat/upadnout** to fall
**padnout: padne vám to?** does that suit you?
**páchnout** to smell (unpleasant)
**palác** *m* palace
**pálit/spálit** to burn *(v)*; **spálit se** to burn oneself; to get sunburnt
**pálivý** hot, spicy
**paluba** *f* board
**památka** *f* monument
**pan** *m* Mr
**pánev** *f* frying pan
**paní** *f* Mrs
**páni** gentlemen
**papír** *m* paper
**papírový kapesník** *m* paper tissue

**papírový ubrousek** *m* paper napkin
**pár** *m* pair
**parfém** *m* perfume
**park** *m* park
**parkometr** *m* parking meter
**parkovat/zaparkovat** to park
**parkoviště** *n* car park; parking space
**pas** *m* passport; waist
**pasažér** *m* passenger
**pátek** *m* Friday
**patro** *n* storey
**pavouk** *m* spider
**paže** *f* arm
**péci/upéci** to bake
**pekárna** *f*, **pekařství** *n* baker's
**pěkný** nice
**pěna** *f* **na holení** shaving foam
**peněženka** *f* purse
**peníze** *mpl* money
**perfektní** perfect
**perlivý** fizzy
**pero** *n* pen
**pěší** pedestrian; **pěší zóna** pedestrianized zone; **pěší turistika** hiking
**píchnout** *(perf)* to sting; **píchla mě vosa** I was stung by a wasp
**piknik** *m* picnic; **dělat/udělat si piknik** to have a picnic
**písek** *m* sand
**píseň** *f*, **písnička** *f* song
**pít/napít se** to drink
**pitná voda** drinking water
**pivo** *n* beer; **velké pivo** a half-pint
**plakát** *m* poster
**plakat** to cry

**plán** *m* plan

**plastikový** plastic

**plášť** *m* coat; **nepromokavý plášť** raincoat

**plátek** *m* slice

**platit/zaplatit** to pay

**platnost do** expiry date

**platný (na** +*acc*) valid (for)

**plavání** *n* swimming

**plavat/zaplavat si** to swim

**plavky** *fpl* swimming trunks, swimming costume

**pláž** *f* beach

**plenka** *f* nappy

**pleť** *f* skin, complexion

**plíce** *f* lung

**plná cena** *f* full fare, full price

**plná penze** *f* full board

**plnit/naplnit** to fill

**plný (**+*gen*) full (of)

**plody** *mpl* **moře** seafood, shellfish

**plochý** flat *(adj)*

**plomba** *f* filling

**plotýnka** *f* **(elektrická)** hotplate

**plovárna** *f* swimming pool

**plyn** *m* gas

**plynová bomba** *f* gas cylinder

**plynový vařič** *m* camping stove

**plýtvat** *(imperf)* to waste

**pneumatika** *f* tyre

**po (**+*loc*) after

**pobyt** *m* stay

**pocit** *m* feeling

**počasí** *n* weather; **je špatné počasí** the weather's bad

**počítač** *m* computer

**počítat/spočítat** to count

**pod (**+*acc/instr*) below, under

**podařit se** to succeed, to manage

**podávat/podat** to check in

**podepisovat/podepsat** to sign

**podlaha** floor; **na podlaze** on the floor

**podobat se (**+*dat*) to look like

**podprsenka** *f* bra

**podvod** *m* rip-off, swindle

**podzemní** underground

**podzim** *m* autumn

**pohlaví** *n* sex

**pohlednice** *f* postcard

**pohodlný** comfortable

**pocházet (z** +*gen*) to date (from), to originate (from)

**pojistka** *f* fuse

**pojištění** *n* insurance

**pokladna** *f* ticket office, box office, till

**pokuta** *f* fine

**poledne** *n* midday, noon

**policejní stanice** *f* police station

**policie** *f* police

**policista** *m*/**policistka** *f* policeman/policewoman

**polopenze** *f* half-board

**polovina** *f* half

**polštář** *m* pillow

**pomáhat/pomoci** to help

**pomalu** slowly

**pomalý** slow

**pomeranč** *m* orange

**pomoc** *f* help; **přivolat pomoc** to call for help; **pomoc!** help!

**pondělí** *n* Monday

**ponožky** *fpl* socks

**popelník** *m* ashtray

**poplatek** *m* tax; charge, fee

**portrét** m portrait

**Portugalsko** n Portugal

**porucha** f breakdown; **mít poruchu** to break down

**posadit se** (perf) to sit down

**poschodí** n storey, floor

**posílat/poslat** to send

**poslední** last, final; **na poslední chvíli** at the last minute

**poslouchat/poslechnout (si)** (+acc) to listen

**pospíšit si** (perf) to hurry (up)

**postel** f bed

**postinor** m morning-after pill

**postříbřený** silver-plated

**poškozený** damaged

**pošta** f post; post office; **poslat poštou** to mail

**poštovní schránka** f postbox

**poštovní směrovací číslo** n postcode

**pot** m sweat

**potit se/zpotit se** to sweat

**potkávat/potkat** to meet

**potřebovat** (imperf) to need

**potvrzovat/potvrdit** to confirm

**pouť** f funfair

**použití: na jedno použití** disposable

**používat/použít** (**na** +acc) to use (for)

**povídat (si)** (imperf) to talk, to chat

**povlak** m **na polštář** pillowcase

**povlečení** n sheet

**povolání** n profession

**pozdě** late

**pozítří** the day after tomorrow

**poznámka** f note

**poznámkový sešit** m notebook

**poznávat/poznat** to recognize

**pozor** m attention; **dávej/dávejte pozor!** watch out!

**práce** f job; work; **mít hodně práce** to be busy

**prací prášek** m washing powder

**pracovat** (imperf) to work

**pračka** f washing machine

**prádelna (americká)** f launderette

**prádlo** n linen, washing

**praktický** practical

**prášek** m pill; **prášek na spaní** sleeping pill

**prášek** m powder

**prát/vyprat** to do the washing

**pravda** f truth; **máš/máte pravdu** you're right

**pravděpodobně** probably

**právě** just; **právě jsem přijel/ přijela** I've just arrived

**právník** m lawyer

**právo** n right; **mít právo...** to have the right to…

**prázdniny** fpl school holidays

**prázdný** empty; **prázdné kolo** flat tyre

**pro** (+acc) for

**problém** m problem

**procento** n percent; **padesát procent** fifty percent

**procesí** n procession

**proč** why

**prodavač** m/**prodavačka** f shop assistant; **prodavač novin** newsagent

**prodávat/prodat** to sell

**prodej: na prodej** for sale

**profese** f profession
**program** m programme
**prohlášení** n statement
**prohlídka** f **s průvodcem** guided tour
**procházet se/projít se** to walk
**procházet/projít** (+instr) to pass
**procházka** n walk, stroll; **jít na procházku** to go for a walk
**projet se autem** to go for a drive
**promiň!/promiňte!** (I'm) sorry
**pronájem** m letting, renting; **k pronajmutí** "to let"
**pronajímat (si)/pronajmout (si)** to rent, to hire out
**proplatit: dát si proplatit (výlohy)** to get a refund
**prosím** please; you're welcome
**prosím?** pardon?
**prosinec** m December
**proslulý** famous
**prospekt** m leaflet
**prostředek** m **na hubení hmyzu** insecticide
**prostředek** m **na mytí nádobí** washing-up liquid
**prostřední** middle; average
**proti** (+dat) against
**protilehlý** facing, opposite
**proto** therefore
**protože** because
**provoz** m traffic; **mimo provoz** out of order
**prst** m finger
**pršet** to rain; **prší** it's raining; **mohlo by pršet** it might rain
**průjem: mít průjem** to have diarrhoea

**průkaz** m **totožnosti** identity card
**průkazka** f pass
**průvodce** m guide; guidebook
**první** first; **první patro** first floor; **první třída** first class
**přece** still, nevertheless, anyway
**před** (+instr) in front of; before; **před tím, než odjedu** before I leave
**předčíslí** n dialling code
**předem** in advance
**předevčírem** the day before yesterday
**předchozí** previous
**předměstí** n suburb
**přední** forward; front; **přední sklo** windscreen
**přednost** priority; **dávat/dát přednost** (+dat) to prefer
**předpis** m recipe; prescription; regulation
**předpověď** f **počasí** weather forecast
**představení** n show
**přehled** m **kulturních pořadů** listings magazine
**přecházet/přejít** to cross
**překládat/přeložit** to translate
**překvapení** n surprise
**překvapovat/překvapit** to surprise
**přemýšlet** (o +loc) to think about
**přenosný počítač** m laptop
**přes** (+acc) across
**přestávat/přestat** to stop
**převlékat se/převléknout se** to get changed, to change one's clothes
**převod** m **(peněz)** transfer

**převodovka** f gearbox
**přicházet/přijít** to arrive, to come (on foot)
**příchod** m arrival (of person)
**příchuť** f flavour
**příjezd** m arrival (of vehicle)
**přijímat/přijmout** to accept, to receive
**přijíždět/přijet** to arrive, to come (in vehicle)
**příjmení** n surname
**přikrývat/přikrýt** to cover
**přikrývka** f blanket, cover
**přilba** f helmet
**přílet** m arrival (of plane)
**přilétat/přiletět** to arrive (by plane)
**příležitost** f opportunity
**příliš** too
**přímý** direct
**přinášet/přinést** to bring
**případ** case; **v případě...** (+gen) in case of…; **v každém případě** anyway
**příplatek** m supplement
**připomínat/připomenout** to remind
**připravený** ready
**připravovat/připravit** to prepare
**příroda** f nature
**příruční zavazadlo** n hand luggage
**přístav** m port
**přístup** m access
**příští** next
**přítel** m/**přítelkyně** f friend
**přízemí** n ground floor
**psát/napsat** to write; **psát/napsat na počítači** to type
**PSČ** postcode

**ptát se/zeptat se** (**na** +acc) to inquire, to ask
**puchýř** m blister
**půjčovat si/půjčit si** to borrow; to hire
**půjčovat/půjčit** to lend
**půjčovna** f rental company; **půjčovna aut** "car hire"
**půl: půl litru/kila** half a litre/kilo
**půlhodina** f half an hour
**půlnoc** f midnight
**pumpička** f bicycle pump
**punčocháče** mpl tights
**pupínek** m spot
**pusa** f mouth; kiss
**pyšný** (**na** +acc) proud (of)
**pyžamo** n pyjamas

## R

**rada** f advice; **žádat/požádat koho o radu** to ask someone's advice
**radiátor** m radiator
**rádio** n radio
**radit/poradit** to advise
**radnice** f town hall
**radost** f pleasure; **s radostí** with pleasure
**raketa** f racket
**rameno** n shoulder
**ramínko** n coathanger
**rámus** m noise, din
**rande** n date
**ráno** n morning
**rasistický** racist
**recepce** f reception; **na recepci** at reception

**recepční** *mf* receptionist
**recept** *m* recipe
**reflektor** *m* headlight
**registrace** *f* check-in
**registrovaný** registered
**rentgen** *m* X-rays
**réservé** reserved
**restaurace** *f* restaurant
**ret** *m* lip
**revmatismus** *m* rheumatism
**rezervní** spare
**rezervovat/zarezervovat (si)** to reserve, to book
**riskovat** to risk
**riziko** *n* risk
**roční období** *n* season
**rodiče** *mpl* parents
**rodina** *f* family
**rodinný penzión** *m* guest house
**rodné příjmení** *n* maiden name
**rok** *m* year
**román** *m* novel
**rostlina** *f* plant
**rozbít** *(perf)* to splinter
**rozdělovat/rozdělit** to split up, to separate; to divide
**rozhlas** *m* radio
**rozhlasová stanice** *f* radio station
**rozměnit (bankovku)** to change
**rozsvěcovat/rozsvítit** to switch on *(light)*
**rozumět/porozumět** *(+dat)* to understand
**rozumný** reasonable
**rozvaliny** *fpl* ruins
**ručně vyráběný** hand-made
**ruční brzda** *f* handbrake
**ručník** *m* towel

**ruka** *f* hand; arm
**rukáv** *m* sleeve; **s krátkým rukávem** short-sleeved
**růst/vyrůst** to grow, to grow up
**rusý** auburn, red
**rušit/vyrušit** to disturb; **nerušit** do not disturb
**rušit/zrušit** to cancel
**růžové víno** *n* rosé wine
**růžový** pink
**rvačka** *f* fight
**ryba** *f* fish
**rybárna** *f* fish shop
**rychlé občerstvení** *n* fast-food restaurant
**rychle** quickly
**rychlost** *f* speed; **plnou rychlostí** at full speed
**rychlý** fast

## Ř

**řád: jízdní/letový řád** timetable
**řada: řada je na tobě/vás** it's your turn
**Řecko** *n* Greece
**řeka** *f* river
**řezat/uříznout** to cut
**řeznictví** *n* butcher's
**řidič** *m* taxi taxi driver
**řidičský průkaz** *m* driving licence
**řídit** *(imperf)* to drive; to manage, to run
**říjen** *m* October
**říkat/říci** to tell, to say; **jak se řekne... ?** how do you say… ?
**říznout se** to cut oneself

**s** (+instr) with
**s sebou** takeaway
**sako** n jacket
**sám** m/**sama** f oneself
**samozřejmě** obviously, of course
**sandály** mpl sandals
**sanitka** f ambulance
**sbírka** f collection
**sebevědomí** n self-confidence
**sedačková lanovka** f chairlift
**sedadlo** m seat
**sedat si/sednout si** to sit down
**senná rýma** f hay fever
**servírka** f waitress
**sestra** f sister; **zdravotní sestra** nurse
**sever** m north; **na severu** in the north; **na sever** (**od** +gen) (to the) north of
**severní** north
**scházet: scházejí (mi) dva...** there are two (of my) ... missing
**schnout/uschnout** to get dry, to dry out
**schodiště** n stairs
**schody** mpl stairs
**schopen: být schopen** (+gen) to be able to
**schůze** f meeting
**schůzka** f meeting, appointment
**schválně** on purpose
**signál** m signal
**silnice** f road
**silný** strong
**sirup** m syrup
**skála** f rock

**sklenice** f glass; jar
**sklenička** f glass; **slenička vody/ vína** glass of water/of wine; **jít na skleničku**; to go for a drink; **dát si skleničku** to have a drink
**Skot** m/**Skotka** f Scot
**skotská whisky** f scotch
**Skotsko** n Scotland
**skotský** Scottish
**skutečnost** f reality
**skútr** m scooter
**skvrna** f stain, spot
**slabý** weak, faint
**sladký** sweet
**slaný** salty
**slavný** well-known
**slečna** f Miss
**slepý** blind
**sleva** f discount; **prodat se slevou** to give someone a discount
**slib** m promise
**Slovák** m/**Slovenka** f Slovak
**Slovensko** n Slovakia
**slovenský** Slovak
**slunce** n sun; **na slunci** in the sun
**sluneční brýle** fpl sunglasses
**sluneční klobouk** m sunhat
**slunečník** m beach umbrella
**slunit se** to sunbathe
**služba** f service; favour; **prokázat komu službu** to do someone a favour
**slyšet/uslyšet** to hear
**smažený** fried
**smažit/usmažit** to fry
**směna** f exchange
**směnit** (perf) to exchange

**směnový kurz** *m* exchange rate

**směr** *m* direction

**směrem do/na** towards

**smích** *m* laugh

**smutný** sad

**smysl** *m* sense; **smysl pro humor** sense of humour

**snad** perhaps

**snadný** easy

**snášet/snést** to put up with

**sněžit** *(imperf)* to snow

**snídaně** *f* breakfast

**snídat/nasnídat se** to have breakfast

**sníh** *m* snow

**snižovat/snížit** to reduce

**snoubenec** *m*/**snoubenka** *f* fiancé, fiancée

**sobota** *f* Saturday

**solený** salted

**součást: být součástí** *(+gen)* to be a part of

**soukromý** private

**soused** *m*/**sousedka** *f* neighbour

**spací pytel** *m* sleeping bag

**spálenina** *f* burn

**spánek** *m* sleep

**spát/vyspat se** to sleep; **spát s** *(+instr)* to sleep with

**specialita** *f* speciality

**spěchat** *(imperf)* to hurry, to be in a hurry

**spíš** rather

**spodky** *mpl* underpants

**spodní prádlo** *m* underwear

**spoj** *m*, **spojení** *n* connection

**Spojené království** *n* United Kingdom

**Spojené státy americké** *mpl* United States

**spojit: spojit se s** to be in contact with

**spojka** *f* clutch

**společnost** *f* company

**spolu** together

**sport** *m* sport

**sportovně založený** sporty

**správný** right, correct

**sprcha** *f* shower

**sprchovat se/osprchovat se** to take a shower

**sprchový gel** *m* shower gel

**spropitné** *n* tip, gratuity

**SPZ** registration number

**srazit** *(perf)* to knock down

**srdce** *n* heart

**srpen** *m* August

**stačit** to be enough

**stadión** *m* stadium

**stáhnout** *(perf)* to pull off; to strip off

**stále rovně** straight ahead, straight on

**stan** *m* tent

**stanice** *f* station, stop; **stanice** *f* **metra** tube station

**stanová podlážka** *f* groundsheet

**starat se/postarat se** (**o** *+acc*) to look after

**Staré město** *n* Old Town

**start** *m* take-off; kick-off, start

**startovat/nastartovat** to start

**starý** old; **starší lidé** old people

**stát** *(imperf)* to cost, to be worth; **stojí to...** it costs...

**stát** *m* state, country

**stát se: co se stalo?** what's happened?

**státní poznávací značka** *f* registration number

**státní svátek** *m* national holiday

**stav** *m* state, condition

**stávat se/stát se** to happen, to occur

**stavba** *f* building, construction

**stavět/postavit** to build

**stehno** *n* thigh

**stejný** same

**stezka** *f* path

**stěžovat si** (**na** *+acc*) *(imperf)* to complain

**stín** *m* shade, shadow; **ve stínu** in the shade

**století** *n* century

**stopovat** *(imperf)* to hitchhike

**strach: mít strach** (**z** *+gen*) to be scared (of)

**strana** *f* side

**strkat/strčit** (**do** *+gen*) to push (someone)

**strýc** *m* uncle

**středa** *f* Wednesday

**střední** medium

**střední škola** *f* secondary school

**střevní chřipka** *f* gastric flu

**stříbro** *n* silver

**stříhat/ustřihnout** to cut, to trim

**student** *m*/**studentka** *f* student

**studený** chilly; cold

**studium** *n* studies

**studovat/vystudovat** to study; **studovat biologii** to study biology

**stůl** *m* table

**stupeň** *m* degree

**stvrzenka** *f* receipt

**styl** *m* style

**suchý** dry

**sukně** *f* skirt

**sůl** *m* salt

**super** four-star petrol

**super!** great! brilliant!

**supermarket** *m* supermarket

**surf** *m* surf

**surfovací prkno** *n* surfboard

**surfování** *n* surfing

**surfovat** *(imperf)* to go surfing

**sušit/usušit** to dry

**suvenýr** *m* souvenir

**svačina** *f* snack

**sval** *m* muscle

**svatební cesta** *f* honeymoon

**svátek** *m* public holiday

**svědit: svědí to** it's itchy

**svět** *m* world

**světlý** light-coloured, pale

**svetr** *m* jumper, sweater

**svíčka** *f* candle; spark plug

**svobodný** free; unmarried, single

**sympatický** nice

**syn** *m* son

**synagoga** *f* synagogue

**syrový** raw

## Š

**šálek** *m* cup

**šampón** *m* shampoo

**šatna** *f* cloakroom; changing room

**šedý** grey

**šek** *m* cheque

**široký** wide

**škoda: to je škoda** it's a pity
**šokující** shocking
**šortky** *fpl* shorts
**Španělsko** *n* Spain
**špatný** wrong; bad; **není to
špatné** it's not bad
**šperky** *mpl* jewellery
**špinavý** dirty
**špunt** *m* cork; (sink) plug; **špunty
*mpl* do uší** earplugs
**šťastný** happy
**šťáva** *f* juice
**štěstí** *n* luck
**štěstí: mít štěstí** to be lucky
**šumivý** sparkling
**šváb** *m* cockroach

# T

**tabák** *m* tobacco
**tableta** *f* tablet
**tábor** *m* camp
**táborník** *m* camper
**tady** here; **tady je/jsou** here is/are
**tahat/táhnout** to pull
**tajný kód** *m* PIN (number)
**tak** so; **tak, že/aby** so that
**také, taky** also
**talíř** *m* plate
**tam** there, over there; **tam je
kostel** there is a church over there;
**je tam hodně lidí** there are lots
of people there
**tampón** *m* tampon
**tančit/zatančit si** to dance
**tanec** *m* dance
**tarif** *m* fare
**taška** *f* bag

**taxi** *m* taxi
**teď** now
**teenager** *m* teenager
**tehdy** then
**těhotná** pregnant
**telefon** *m* telephone
**telefonický hovor** *m* phone call
**telefonistka** *f* switchboard operator
**telefonní číslo** *n* phone number
**telefonní kabina** *f* phone box
**telefonní karta** *f* phonecard
**telefonní seznam** *m* directory
**telefonovat/zatelefonovat** *(+dat)*
to telephone, to make a phone call
**televize** *f* television
**tělo** *n* body
**téměř** almost
**ten** *m*, **ta** *f*, **to** *n* this
**tenhle** *m*, **tahle** *f*, **tohle** *n* that one
**tenis** *m* tennis
**tenisky** *fpl* tennis shoes
**tenisový kurt** *m* tennis court
**tento** *m*, **tato** *f*, **toto** *n* this one
**teplo** *n* heat
**teploměr** *m* thermometer
**teplota** *f* temperature; **měřit (si)/
změřit (si) teplotu** to take one's
temperature
**teplý** warm
**terasa** *f* terrace
**terminál** *m* terminal
**termoska** *f* Thermos® flask
**těsný** tight
**těšilo mě!** pleased to meet you!
**teta** *f* aunt
**těžký** difficult; heavy
**tihle** *mpl*, **tyhle** *fpl*, **tahle** *npl* those
(ones)

**tichý** silent, quiet

**tisk** *m* press

**tito** *mpl*, **tyto** *fpl*, **tato** *npl* these (ones)

**titulky: s titulky** subtitled

**tkanička** *f* shoelace

**tlačit/zatlačit** to push

**tlak** *m* pressure; **krevní tlak** blood pressure

**tmavý** dark; **tmavomodrý** dark blue

**to je** *see* **je to**

**toaletní papír** *m* toilet paper

**toaletní potřeby** *fpl* toilet bag, toiletries

**toalety** *fpl* toilets

**točené pivo** *n* draught beer

**topení** *n* heating

**topit se/utopit se** to drown

**totiž** in fact

**tradiční** traditional

**trafika** *f* tobacconist's

**trajekt** *m* ferry

**tramvaj** *f* tram

**trasa** *f* **(autobusu)** bus route

**tráva** *f* grass

**trávit/strávit** to spend

**trh** *m* market

**trochu** a little

**trosky** *fpl* ruins

**trouba** *f* oven

**trvat** *(imperf)* to last; to take *(time)*

**třída** *f* class; avenue; **první/druhá třída** first/second class

**tučný** fat

**tuk** *m* fat

**turista** *m*/**turistka** *f* tourist

**turistická atrakce** *f* tourist trap

**turistická třída** *f* economy class

**turistické informační centrum** *n* tourist office

**turistický** tourist

**turistika: horská turistika** hill-walking; **pěší turistika** hiking

**túry: chodit na túry** to go hiking

**tužka** *f* pencil

**tvar** *m* shape

**tvrdý** hard

**tvůj** your; yours

**ty** you

**týden** *m* week

**tým** *m* team

**typ** *m* type

**typický** typical

## U

**u** *(+gen)* at, by, near; **u nás** in our family/country

**ubrousek** *m* napkin

**ubytování** *n* accommodation

**ubytovna** *f* **pro mládež** youth hostel

**účet** *m* bill; **volat/zavolat na účet volaného** reverse-charge call

**učit se/naučit se** to learn

**údolí** *n* valley

**ucho** *n* ear

**ukazatel** *m* indicator

**ukazovat/ukázat** to show

**uklizený** tidy

**ulice** *f* street

**umělec** *m*/**umělkyně** *f* artist

**umělecká práce** work of art

**umění** *n* art

**umírat/umřít** to die

**úmysl: mít v úmyslu...** to intend to…
**umyvadlo** washbasin
**únava** *f* **z časového posunu** jetlag
**unavený** tired
**únik** *m* leak
**unikátní** unique
**únor** *m* February
**úpal** *m* sunstroke; **dostat úpal** to get sunstroke
**uplatňovat** to operate
**uprostřed** *(+gen)* in the middle (of)
**uražený** offended, upset
**úschovna** *f* **zavazadel** left-luggage (office)
**úsměv** *m* smile
**usmívat se/usmát se** to smile
**usnout** *(perf)* to fall asleep
**ústa** *npl* mouth
**ušetřovat/ušetřit** to save
**uši** *fpl* ears
**utěrka** *f* tea towel, dish cloth
**úterý** *n* Tuesday
**útes** *m* cliff
**utrácet/utratit** to spend
**uvnitř** inside
**uzávěr** *m* **vody** stopcock
**uznávat/uznat** to admit
**už** already; **... už není** there's no more…
**užitečný** useful
**užitková voda** *f* non-drinking water

---

**V**

**v** *(+loc)* in; **v Anglii** in England;

**v roce 2006** in 2006; **v 19. století** in the 19th century; **v češtině** in Czech; **v angličtině** in English
**vada** *f* flaw
**vaření** *n* cooking
**vařený** cooked, boiled
**vařit/uvařit** to cook, to boil
**váš** your; yours
**vata** *f* cotton wool
**vatové tyčinky** *fpl* cotton buds
**vážný** serious
**včela** *f* bee
**včera** yesterday; **včera večer** yesterday evening, last night
**včetně** *(+gen)* including
**vdaná** married
**věc** *f* thing; **věci** things
**večer** *m* evening; in the evening; **dobrý večer** good evening
**večeře** *f* dinner
**večeřet/navečeřet se** to have dinner
**večírek** *m* party
**vědět** *(imperf)* to know; **nevím** I don't know
**vedle** *(+gen)* beside, next to
**vegetarián** *m* vegetarian
**vegetariánský** vegetarian
**věk** *m* age
**Velikonoce** *fpl* Easter
**velikost** *f* size
**Velká Británie** *f* Great Britain
**velký** big; great
**velmi** very
**velvyslanectví** *n* embassy
**ven/venku** outside
**venkov** *m* countryside
**veřejný** public

**věřit/uvěřit** to believe

**vesnice** f village

**věta** f sentence

**většina** f majority, most

**vchod** m entrance

**víc(e)** more; **více než** more than; **mnohem více** much more

**vidět/uvidět** to see

**vidlička** f fork

**vietnamky** fpl flip-flops

**víkend** m weekend

**vila** f villa

**víno** n wine

**vítat/přivítat** to welcome, to greet; **vítám tě/vás** welcome!

**vítr** m wind

**vitráže** fpl stained-glass windows

**vízum** n visa

**vlak** m train; **vlak do Brna** the train to Brno

**vlastně** really, actually

**vlastní** own; **moje vlastní auto** my own car

**vlastnit** (imperf) to own

**vlasy** mpl hair

**vlažný** lukewarm

**vlek** m ski lift

**vlevo** see **nalevo**

**vlhký** damp

**vlna** f wave; wool

**vlněný** woollen

**vložka** f sanitary towel

**voda** f water

**vodní lyžování** n waterskiing

**vodotěsný** waterproof

**volat/zavolat** to call, to phone; **za/volat zpátky** to call back; **zavolat na policii** to inform the police

**volejbal** m volleyball

**volno: mám volno** I'm free; **je tady volno?** is this seat/table free?

**volný** free

**vonět** (imperf) to smell

**vosa** f wasp

**vousy** mpl beard

**vozík** m trolley

**vpravo** see **napravo**

**vpředu** at the front

**vracet se/vrátit se** to come back, to return

**vracet/vrátit** to give back; **vrátit peníze** to refund (v), to pay back

**vrchol** m summit, top

**vstávat/vstát** to get, to stand up; to get out of bed

**vstupenka** f entrance ticket

**vstupné** n admission charge

**vstupovat/vstoupit** to come in; to go in

**všude** everywhere

**vůbec** at all; **vůbec ne** not at all

**vůně** f smell

**vy** you (pl, polite)

**vybuchnout** (perf) to burst

**vyčerpaný** exhausted

**vyčerpávat/vyčerpat** to exhaust

**výfuk** m exhaust pipe

**vyhazovat/vyhodit** to throw out

**výhled** m view

**vycházet/vyjít** to come out

**vycházková obuv** f walking boots

**vychlazený** cool; **podávejte vychlazené** serve cool

**východ** m exit; east; **východ slunce** sunrise

**vyjímečný** exceptional

**vymknout si kotník** to sprain one's ankle

**vypadat** *(imperf)* to appear, to look, to seem; **vypadat unaveně** to look tired; **vypadat jako** to look like

**vypínat/vypnout** to switch off

**vyplňovat/vyplnit** to fill in

**vyprodaný** out of stock, sold out

**výprodej** *m* sales

**výrobek** *m* product

**vysoký** high, tall; **vysoký krevní tlak** high blood pressure

**vysoušeč** *m* **vlasů** hairdrier

**výstava** *f* exhibition

**vystupovat/vystoupit** to get off; to perform in public

**výtah** *m* lift

**vyvolat** to develop

**vývrtka** *f* corkscrew

**vyzkoušet si** *(perf)* to try on

**vzácný** precious, rare, valuable

**vzadu** at the back

**vzduch** *m* air

**vzít** *see* **brát**

**vzkaz** *m* message

**vzpomínat si/vzpomenout si** to remember

**vždy** always

## W

**Wales** *m* Wales

**Walesan** *m/***Walesanka** *f* Welsh

**waleský** Welsh

**walkman** *m* personal stereo, Walkman®

**webová stránka** website

**windsurfing** *m* windsurfing

## Z

**z** *(+gen)* out of, from

**za** *(+acc/instr)* behind; **za hodinu** in an hour

**zabalený** packed; wrapped

**zabalit si kufr** to pack one's suitcase

**zábavní park** *m* theme park

**zabít** *(perf)* to kill

**zablokovaný** blocked

**zabloudit** to lose one's way, to get lost

**zácpa** *f* constipation

**začátečník** *m/***začátečnice** *f* beginner

**začátek** *m* beginning; **na začátku** at the beginning

**začínat/začít** to begin, to start

**záda** *n* back

**zadarmo** free of charge

**zahrada** *f* garden

**zahraničí: do/v zahraničí** abroad

**zachraňovat/zachránit** to save, to rescue

**zájezd** *m* **(s cestovní kanceláří)** (package) tour

**zakázáno** forbidden

**záležet: to záleží (na** *+loc)* that depends (on); **na tom nezáleží** it doesn't matter

**záloha** *f* deposit

**zámek** *m* castle, palace; (safety) lock

**zaměstnání** *m* occupation, profession

**zamykat/zamknout** to lock

**zánět** *m* **průdušek** bronchitis
**zánět** *m* **slepého střeva** appendicitis
**západ** *m* **slunce** sunset
**západ** *m* west; **na západě** in the west; **na západ od** *(+gen)* (to the) west of
**západní** west, western
**zápach** *m* (unpleasant) smell
**zápalka** *f* (safety) match
**zapalovač** *m* (cigarette) lighter
**zapalovat/zapálit** to light *(v)*
**zápas** *m* match
**zápěstí** *n* wrist
**zapínat/zapnout** to switch on
**zaplatit** *(perf)* **účet** to check out; to pay the bill
**zapojovat/zapojit** to plug in
**zaregistrovat se** *(perf)* to check in
**zaručit** *(perf)* to guarantee
**záruka** *f* guarantee
**září** *n* September
**zařízení** *n* equipment
**zařizovat/zařídit** to arrange; **zařídil/zařídila jsem si schůzku s...** *(+instr)* I arranged to meet...
**zastaralý** out of date; obsolete
**zastávka** *f* (bus) stop *(n)*
**zastavovat (se)/zastavit (se)** to stop
**zastihnout** to catch, to reach
**zástrčka** *f* plug
**zásuvka** *f* socket; drawer
**zatímco** while
**zavazadlo** *n*, **zavazadla** *npl* baggage, luggage
**zavírací doba** *f* closing time

**zavírat/zavřít** to shut, to close
**zavřeno** closed
**záznamník** *m* answering machine
**zboží** *nsg* goods
**zbytečný** useless
**zbytek** *m* rest; remainder
**zcela** completely, entirely
**zdát se** *(imperf)* to seem; **zdá se, že...** it seems that...
**zdraví** *n* health; **na zdraví!** cheers!
**zdravotní sestra** *f* nurse
**zdřímnout si** *(perf)* to have a nap
**zelený** green
**země** *f* country; **na zemi** on the ground
**zhasínat/zhasnout** to switch off
**zhoršovat se/zhoršit se** to get worse
**zima** *f* winter; cold; **je zima** it's cold; **je mi zima** I'm cold
**zip** *m* zip
**zítra** tomorrow; **zítra večer** tomorrow evening; **zítra ráno** tomorrow morning; **zítra nashledanou!** see you tomorrow!
**zkoušet/zkusit** to try; to try on; **zkusit něco dělat** to try to do something
**zkratka** *f* short cut
**zkušební kabina** *f* fitting room
**zloděj** *m* thief
**zlomenina** *f* fracture
**zlomený** broken
**zlomit** *(perf)* break; **zlomit si nohu** to break one's leg
**změna** *f* change

**zmeškat** *(perf)* to miss, to arrive late for
**značka** *f* road sign
**znamenat** *(imperf)* to mean; **co znamená… ?** what does… mean?
**znamení** *n* sign
**známka** *f* (postage) stamp
**znásilnění** *n* rape
**znovu** again
**zoo** *f* zoo
**zoom** *m* zoom (lens)
**zpátečka** *f* reverse gear
**zpáteční jízdenka** *f* return ticket
**zpátky** back
**zpěvák** *m*/**zpěvačka** *f* singer
**zpívat/zazpívat** to sing
**zpoždění** *n* delay
**zpráva** *f*, **zprávy** *fpl* news
**zralý** ripe
**zranění** *n* wound
**zraněný** injured
**zrcadlo** *n* mirror
**zrušit** *(perf)* to close down; to cancel
**zřídka** rarely; seldom
**ztrácet/ztratit** to lose; **ztratit se** to get lost; **ztrácet čas** to waste time
**zub** *m* tooth
**zubař** *m* dentist
**zubní kartáček** *m* toothbrush
**zubní pasta** *f* toothpaste
**zůstávat/zůstat** to stay; **zůstat v kontaktu** to stay in touch
**zvát/pozvat** to invite
**zvedat/zvednout** to raise, to put up
**zvíře** *n* animal
**zvlášť** separately

**zvláštní** strange; special
**zvonek** *m* bell
**zvonit/zazvonit** to ring
**zvracet** *(imperf)* to vomit, to be sick; **chce se mi zvracet** I feel sick
**zvyklý na** (**o** +*acc*) used to, accustomed to

---

#  Ž

**žádat/požádat** (**o** +*acc*) to ask, to request
**žádný** none
**žaludek** *m* stomach
**žárovka** *f* light bulb
**žebírko** *n* rib (of meat)
**žebro** *n* rib (of person)
**žehlička** *f* iron
**žehlit/vyžehlit** to iron
**žena** *f* woman; wife
**ženatý** married
**ženský lékař** *m* gynaecologist
**ženy** ladies' (toilet)
**židle** *f* chair
**žihadlo** *n* sting
**žiletka** *f* razor blade
**žínka** *f* facecloth
**žít** *(imperf)* to live
**život** *m* life
**žízeň** *f* thirst; **mít žízeň** to be thirsty
**žlutý** yellow

# GRAMMAR

Czech grammar is rather complicated and there are a good many exceptions to the basic rules set out briefly here. However, it is worth bearing in mind that noun declension patterns for the masculine and neuter forms tend to be very similar or the same and that the verb in Czech has far fewer tenses than English.

There are three genders in Czech: masculine, feminine and neuter.

There are no definite or indefinite articles (the and a/an).

**Masculine nouns** end in a hard consonant (**h**, **ch**, **k**, **g**, **r**, **d**, **t**, **n**) or a soft consonant (**č**, **ř**, **š**, **ž**, **c**, **j**, **ď**, **ť**, **ň**):

| | |
|---|---|
| **pán** gentleman | **hrad** castle |
| **muž** man | **stroj** machine |

**Feminine nouns** end in **-a**, **-e** or in a soft or hard consonant:

| | |
|---|---|
| **žena** woman | **růže** rose |
| **píseň** song | **kost** bone |

**Neuter nouns** end in **-o**, **-e** or **-í**:

| | |
|---|---|
| **město** town | **moře** sea |
| **kuře** chicken | **stavení** building |

Some nouns ending in **-a** or **-e** can be masculine:

| | |
|---|---|
| **turista** tourist | **průvodce** guide |

Masculine and feminine nouns form the **plural** most commonly in **-i** or **-y**, neuter nouns in **-a**.

Some nouns exist only in the plural, eg:

| | |
|---|---|
| **dveře** door | **kalhoty** trousers |

Czech is an inflected language. This means that each noun has a number of case endings which determine meaning. There are **seven cases**:

**The nominative** denotes the subject of the sentence and can also be a predicate:

**Petr je můj přítel**          Petr is my friend

**The genitive** denotes possession:

> kolo **mého** přítele        my friend's bike

**The dative** equates to the indirect object:

> dávám to Karl**ovi**        I give it to Karel

**The accusative** equates to the direct object:

> vidím Karl**a**        I see Karel

**The vocative** is used when you address someone:

> Karl**e**! Jan**o**!        Karel! Jana!

**The locative** (or **prepositional**) denotes the place or area in question and is used always with prepositions meaning words like in, on, about etc:

> jsem na zahrad**ě**        I am in the garden

**The instrumental** denotes the manner or means by which something is done:

> jedu tam aut**em**        I'm going there by car

The **genitive, dative, accusative, locative** and **instrumental** cases are frequently governed by a preceding preposition, for example:

> do + *gen* →        jedu **do** Prahy
>                         I am going to Prague

Certain prepositions govern more than one case, particularly to distinguish between position and direction, for example: **na** + *acc* or **na** + *loc* respectively:

> jdu **na** zahradu        I'm going into the garden
> jsem **na** zahradě        I am in the garden

Conversely, prepositions like **do** (+ *gen*) and **v** (+ *loc*) govern only one case:

> jdu **do** školy        I am going (in)to school
> jsem **ve** škole        I am at (in) school

#### Noun declensions

- Masculine animate nouns **pán** (gentleman), **muž** (man) and inanimate nouns **hrad** (castle), **stroj** (machine)

|       | sg         | pl        | sg         | pl        |
|-------|------------|-----------|------------|-----------|
| nom   | pán        | páni/-ové | muž        | muži/-ové |
| gen   | pána       | pánů      | muže       | mužů      |
| dat   | pánu/-ovi  | pánům     | muži/-ovi  | mužům     |
| acc   | pána       | pány      | muže       | muže      |
| voc   | pane       | páni      | muži       | muži      |
| loc   | pánu/ovi   | pánech    | muži/ovi   | mužích    |
| instr | pánem      | pány      | mužem      | muži      |

|       | sg      | pl      | sg      | pl       |
|-------|---------|---------|---------|----------|
| nom   | hrad    | hrady   | stroj   | stroje   |
| gen   | hradu   | hradů   | stroje  | strojů   |
| dat   | hradu   | hradům  | stroji  | strojům  |
| acc   | hrad    | hrady   | stroj   | stroje   |
| voc   | hrade   | hrady   | stroji  | stroje   |
| loc   | hradě   | hradech | stroji  | strojích |
| instr | hradem  | hrady   | strojem | stroji   |

Like neuter nouns, inanimate masculine nouns eg **hrad** (castle) have the same form for the nominative and the accusative.

- Feminine nouns end in **-a** (**žena** woman), **-e** (**růže** rose) or in a consonant (**píseň** song, **kost** bone)

|       | sg     | pl      | sg    | pl      |
|-------|--------|---------|-------|---------|
| nom   | žena   | ženy    | růže  | růží    |
| gen   | ženy   | žen     | růže  | růží    |
| dat   | ženě   | ženám   | růži  | růžím   |
| acc   | ženu   | ženy    | růži  | růže    |
| voc   | ženo   | ženy    | růže  | růže    |
| loc   | ženě   | ženách  | růži  | růžích  |
| instr | ženou  | ženami  | růží  | růžemi  |

|       | sg     | pl       | sg    | pl      |
|-------|--------|----------|-------|---------|
| nom   | píseň  | písně    | kost  | kosti   |
| gen   | písně  | písní    | kosti | kostí   |
| dat   | písně  | písním   | kosti | kostem  |
| acc   | píseň  | písně    | kost  | kosti   |
| voc   | písni  | písně    | kosti | kosti   |
| loc   | písni  | písních  | kosti | kostech |
| instr | písní  | písněmi  | kostí | kostmi  |

- Neuter nouns end in **-o** (město town), **-e** (moře sea, kuře chicken) or **-í** (stavení building)

|       | sg      | pl       | sg       | pl        |
|-------|---------|----------|----------|-----------|
| nom   | město   | města    | stavení  | stavení   |
| gen   | města   | měst     | stavení  | stavení   |
| dat   | městu   | městům   | stavení  | stavením  |
| acc   | město   | města    | stavení  | stavení   |
| voc   | město   | města    | stavení  | stavení   |
| loc   | městě   | městech  | stavení  | staveních |
| instr | městem  | městy    | stavením | staveními |

|       | sg     | pl      | sg      | pl        |
|-------|--------|---------|---------|-----------|
| nom   | moře   | moře    | kuře    | kuřata    |
| gen   | moře   | moří    | kuřete  | kuřat     |
| dat   | moři   | mořím   | kuřeti  | kuřatům   |
| acc   | moře   | moře    | kuře    | kuřata    |
| voc   | moře   | moře    | kuře    | kuřata    |
| loc   | moři   | mořích  | kuřeti  | kuřatech  |
| instr | mořem  | moři    | kuřetem | kuřaty    |

**Adjectives** usually come before the noun and must agree in number, gender and case with the nouns they go with. They fall into two categories: **hard adjectives** like mladý (m), mladá (f), mladé (n) (young) and **soft adjectives** like jarní (spring(time)), which do not distinguish between gender.

|       | sg m, n            | sg f    | pl m, n, f              |
|-------|--------------------|---------|-------------------------|
| nom   | mladý, mladé       | mladá   | mladí, mladé, mladá     |
| gen   | mladého            | mladé   | mladých                 |
| dat   | mladému            | mladé   | mladým                  |
| acc   | mladého, mladé     | mladou  | mladé, mladé, mladá     |
| voc   | mladý, mladé       | mladá   | mladí, mladé, mladá     |
| loc   | mladém             | mladé   | mladých                 |
| instr | mladým             | mladou  | mladými                 |

|       | sg m, n  | sg f   | pl m, n, f |
|-------|----------|--------|------------|
| nom   | jarní    | jarní  | jarní      |
| gen   | jarního  | jarní  | jarních    |
| dat   | jarnímu  | jarní  | jarním     |
| acc   | jarního  | jarní  | jarní      |
| voc   | jarní    | jarní  | jarní      |
| loc   | jarním   | jarní  | jarních    |
| instr | jarním   | jarní  | jarními    |

Masculine inanimates always have the same form for the nominative and the accusative: **starý hrad** (old castle) in the singular, **staré hrady** in the plural.

The **comparative** of the adjective is formed by adding -**ší** or -**ejší** to the end of the word:

> **krátký** short → **kratší (než)** shorter (than)
> **moderní** modern → **modernější (než)** more modern (than)

Often the preceding consonant is modified:

> **drahý** dear/expensive → **dražší (než)** dearer (than)

The **superlative** is formed from the comparative by adding the prefix **nej-**:

> **nejkratší** shortest

**The cardinal numbers** 1, 2, 3 and 4 behave rather like adjectives, agreeing in number, gender and case with the nouns they go with:

> **jeden muž, jedna žena, jedno dítě**
> one man, one woman, one child
> **dva muži, dvě ženy, dvě děti**
> two men, two women, two children
> **tři, čtyři muži/ženy/děti**
> three, four, men/women/ children

Numbers 5 and above are followed by the genitive plural of the noun:

> **pět ... mužů/žen/dětí** five men/women/children

**Ordinal numbers** (**první, druhý...**) (first, second etc) behave just like ordinary adjectives.

**Personal pronouns** also decline. In the nominative they are omitted except when needed for emphasis:

> **vidím Karla** I see Karel (Charles)     *but*
> **já vidím Karla** *I* see Karel

As in French, there are two words for "you": **ty** and **vy**. The first is singular and is used only when addressing children, pets and people with whom you are on first name terms. The second can be singular or plural and as a singular is used to address an individual formally or respectfully.

|        |       | you     | he        | she    | it      |
|--------|-------|---------|-----------|--------|---------|
| nom    | já    | ty      | on        | ona    | ono     |
| gen    | mě/mne | tě/tebe | ho/něho  | jí/ní  | ho/něho |
| dat    | mi/mně | ti/tobě | mu/němu  | jí/ní  | mu/němu |
| acc    | mě/mne | tě/tebe | ho/něho  | ji/ni  | ho/něho |
| loc    | mně   | tobě    | něm       | ní     | něm     |
| instr  | mnou  | tebou   | jím/ním   | jí/ní  | jím/ním |

|        | we    | you   | they (m, f, n)        |
|--------|-------|-------|-----------------------|
| nom    | my    | vy    | oni, ony, ona,        |
| gen    | nás   | vás   | jich/nich             |
| dat    | nám   | vám   | jim/nim               |
| acc    | nás   | vás   | je/ně                 |
| loc    | nás   | vás   | nich                  |
| instr  | námi  | vámi  | jimi/nimi             |

Note that on occasion there are two forms, the short and long forms respectively.

The short form of the pronoun is used when it occurs in an unstressed position eg:

**prosím tě** please (literally: I ask/beg you)

The long form must be used after prepositions:

**k němu** (towards him, it)

For the third person the form beginning with an **-n** must always be used after prepositions:

**s ním** with him

**Possessive pronouns** and **adjectives** have, unlike English, the same form.

| in nominative | m | f, n |
|---------------|---|------|
| my/mine | můj | moje |
| your/yours | tvůj | tvoje |
| his/her/hers/its | jeho, její | jeho, její |
| our/ours | náš | naše |
| your/yours | váš | vaše |
| their/theirs | jejich | jejich |

| in nominative | m | f, n |
|---|---|---|
| my/mine | moji | moje |
| your/yours | tvoji | tvoje |
| his/her/hers/its | jeho, její | jeho, její |
| our/ours | naši | naše |
| your/yours | vaši | vaše |
| their/theirs | jejich | jejich |

Possessives in the first and second persons have to decline, ie agree in number, case and gender with the noun, ie they behave just like adjectives:

> **můj dům** my house, **moje auto** my car

The third person possessives **jeho** and **jejich** are indeclinable whereas **její** declines (like **jarní** above) As in English they agree not with the noun but with the possessor:

> **jeho dům** his house, **její dům** her house

**Adverbs** usually end in **-o**, **-e** or **-y**:

> **málo** not much, **mnoho** a lot, **dobře** well, **špatně** badly **česky** in Czech

The comparative of adverbs is formed by adding **-eji** to the end of the word and the prefix **nej-** for the superlative:

> **rychle** fast → **rychleji (než)** faster (than), **nejrychleji** fastest

**Czech verbs** in the vast majority of cases appear in two **aspects**: the **imperfective aspect**, which gives the present tense, the past continuous tense and the future continuous; and the **perfective aspect**, which gives a past perfect tense and a future/future perfect tense. Thus, unlike English, there are in practice only five tenses in Czech. The imperfective aspect denotes an action in progress or a repeated action. The perfective aspect denotes a single or completed action. Verbs usually appear in dictionaries in imperfective and perfective pairs and should be learnt that way. Often, but by no means always, the difference in form between the perfective and imperfective is just a prefix eg **dělat/udělat** (to do, to make) **číst/přečíst** (to read). It might help you understand verbal aspects if you think of these two examples as meaning "to do/be doing"/"to get done" and "to read/be reading"/"to get read" respectively. To produce the past tenses and the future continuous tense you usually need the help of some form of the verb **být** (to be), just as you do in many instances in English.

Example:

I do, I am doing, I do do, I have been doing – all these are translated simply by **dělám**
I was doing, I used to do – these are translated by **dělal jsem**
I will be doing, I will (repeatedly) do – these are translated by **budu dělat**
I did, I have done – these are translated by **udělal jsem**
I will do,  I will get (it) done – these are translated by **udělám**

Some verbs are commonly found only in one aspect, for example the imperfective **vypadat** (to seem, appear), where there is no notion of a completed action, or the perfective **najít** (to find), where the concept is primarily of a completed action and an end result.

The **present tense** is formed only from imperfective verbs.

For the purposes of conjugation Czech verbs may be considered as falling into five groups. But be careful – the way to conjugate a Czech verb is to work, **not** from the infinitive, **but** from **the third person singular** (the s/he form). Note the following, all imperfective verbs, as it happens, and thus all giving a present tense:

**kupovat** to buy → **kup-uje**
kup-**uji**
kup-**uješ**
kup-**uje**
kup-**ujeme**
kup-**ujete**
kup-**ují**

| **nést** to carry → **nes-e** | **tisknout** to press, squeeze → **tisk-ne** |
|---|---|
| nes-**u** | tisk-**nu** |
| nes-**eš** | tisk-**neš** |
| nes-**e** | tisk-**ne** |
| nes-**eme** | tisk-**neme** |
| nes-**ete** | tisk-**nete** |
| nes-**ou** | tisk-**nou** |

**dělat** to do/make → **děl-á**
děl-**ám**
děl-**áš**
děl-**á**
děl-**áme**
děl-**áte**
děl-**ají**

**prosit** to request → **pros-í**
pros-**ím**
pros-**íš**
pros-**í**
pros-**íme**
pros-**íte**
pros-**í**

The negative is formed by adding **ne** to the begiining of the verb:
    **vím** I know → **nevím** I don't know.
Note that, as in many languages other than English, a double negative operates: **nic nevím** I know nothing

The **simple future** is formed simply by conjugating the perfective verb according to the patterns set out above, eg **koupit** is the perfective of **kupovat** (to buy) and conjugates like **prosit** (to request), though **koupit** is perfective and **prosit** is imperfective: **kupuji** (I buy), **koupím** (I will buy).

Perfective verbs never use the auxiliary verb (**být** to be) to form the future tense.

The **continuous** or **repeated future tense** is formed by use of the future tense of the auxiliary verb (**být** to be) in conjunction with the imperfective infinitive: **budu kupovat** I will be buying, I will keep buying.

For both **past tenses** (perfect and continuous/repeated) the present tense of the auxiliary verb (**být** to be) must be used with the first and second persons, singular and plural. However, for the third person, singular and plural, the auxiliary verb is NOT used.

In most cases the past tense is very easy to form. Remove the letter **t** from the infinitive and replace it with an **l** for the masculine singular, adding appropriate endings for the feminine, neuter (**a o**) and all the plurals (**i y a**). This form, in effect the past participle, is then combined with the appropriate form of the present tense of the verb "to be". Thus:

    **pracova-t** to work → **pracova-l** worked

This past active participle must agree in number and gender with the subject that governs it:

pracoval *(m)*/pracovala *(f)* **jsem** I worked
pracoval *(m)*/pracovala *(f)* **jsi** you worked
pracoval *(m)*/pracovala *(f)*/pracovalo *(n)* he/she/it worked
pracovali *(m pl)*/pracovaly *(f pl)* **jsme** we worked
pracovali *(m pl)*/pracovaly *(f pl)* **jste** you worked
pracovali *(m pl)*/pracovaly *(f pl)*/pracovala *(n pl)* they worked

Some irregular past participles:

> **mít** to have → **měl** had
> **moci** to be able to → **mohl** was able, could
> **chtít** to want → **chtěl** wanted
> **číst** to read → **četl** read
> **říct** to say → **řekl** said

The **conditional** of the verb ("I would", "you would" etc) is formed on the same principle as the past tense, but by using a conditional form of the auxiliary verb (**být** to be) in combination with the past participle. This conditional form is used for all three persons:

pracoval *(m)*/pracovala *(f)* **bych**
pracoval *(m)*/pracovala *(f)* **bys**
pracoval *(m)*/pracovala *(f)*/pracovalo *(n)* **by**
pracovali *(m pl)*/pracovaly *(f pl)* **bychom**
pracovali *(m pl)*/pracovaly *(f pl)* **byste**
pracovali *(m pl)*/pracovaly *(f pl)*/pracovala *(n pl)* **by**

**Some commonly used verbs** and their conjugations:

**být** to be

| *present* | *future* | *past* | *conditional* |
|-----------|----------|--------|---------------|
| jsem | budu | byl/a jsem | bych |
| jsi | budeš | byl/a jsi | bys |
| je | bude | byl/a/o | by |
| jsme | budeme | byli/y jsme | bychom |
| jste | budete | byli/y jste | byste |
| jsou | budou | byli/y/a | by |

The verb **být** is used as an auxiliary to form the continuous/repeated future, both past tenses and the conditional.

**mít** to have

| | |
|---|---|
| mám | *future:* budu, budeš … mít |
| máš | *past:* měl/měla jsem, jsi ... |
| má | *conditional:* měl/měla bych, bys ... |
| máme | |
| máte | |
| mají | |

**jít** to go (on foot)

| | |
|---|---|
| jdu | *future:* půjdu, půjdeš … |
| jdeš | *past:* šel/šla jsem, jsi ..., šli jsme ... |
| jde | *conditional:* šel/šla bych, bys ..., šli bychom ... |
| jdeme | |
| jdete | |
| jdou | |

**jet** to go (by some means of transport)

| | |
|---|---|
| jedu | *future:* pojedu, pojedeš … |
| jedeš | *past:* jel/jela jsem, jsi ..., jeli jsme ... |
| jede | *conditional:* jel/jela bych, bys ..., jeli bychom ... |
| jedeme | |
| jedete | |
| jedou | |

**moci** to be able to (can)

| | |
|---|---|
| můžu | *future:* budu moci, budeš moci... |
| může | *past:* mohl/mohla jsem, mohl/mohla jsi... |
| můžeš | *conditional:* mohl/mohla bych, mohl/mohla bys |
| můžeme | |
| můžete | |
| můžou | |

# HOLIDAYS AND FESTIVALS

## National bank holidays

Bank holidays are called **den pracovního klidu** or **státní svátek** (national holiday).

1 January      **Nový rok** (New Year's Day).

March/April      **Velikonoční neděle** (Easter Sunday) and **Velikonoční pondělí** (Easter Monday). Following an ancient tradition, on Easter Monday the boys whip the girls in the village with twigs. The girls then present them with painted Easter eggs.

1 May      **Svátek práce** (Labour Day).

8 May      **Den osvobození od fašismu**. A celebration of the country's liberation from fascism.

5 July      **Den slovanských věrozvěstů Cyrila a Metoděje**. A holiday in memory of the Slavic missionaries Cyril and Methodius.

6 July      **Mistr Jan Hus**. A commemoration of the death of Jan Hus, a Church reformer burned at the stake as a heretic in 1415.

28 September      **Den české státnosti**. A national holiday celebrating St Wenceslas, patron saint of the Czech Republic, who died in 936.

28 October      **Den vzniku samostatného českého státu**. A celebration of the creation of the Czech Republic in 1918.

| 17 November | **Den boje za svobodu a demokracii**. A commemoration of the fight for freedom and democracy in 1989 (overthrow of the Communist regime). |
|---|---|
| 24, 25, 26 December | **Štědrý den** (Christmas Eve), **Hod boží** (Christmas) and **Štěpán** (Boxing Day). Families celebrate together with a traditional dinner of carp and potato salad on the 24th, and have roast goose on Christmas Day. They also bake a type of sweet Christmas bread called **vánočka**, as well as a variety of small cakes. |

## Festivals

| 1 May | **První máj**: the first of May is traditionally the day for lovers. |
|---|---|
| May | Classical music festival in Prague (**Pražské jaro**, Prague spring). |
| June/July/August | Various cultural events, many involving music, are held all over the country. Numerous open-air festivals take place (such as **Český Krumlov**). |
| October | Classical music festival in Prague (**Pražský podzim**, Prague autumn). |
| 5 December | **Svatý Mikuláš** (the Eve of St Nicholas). The angel, the devil and St Nicholas come to see if children have been good. If so, they must recite a poem and are rewarded with small presents. |

# USEFUL ADDRESSES

## In the Czech Republic

**British Embassy**
Thunovská 14
118 00 Prague 1
Tel. (420) 257 402 111
www.britain.cz

**British Council**
Bredovský dvur
Politických veznu 13
110 00 Prague 1
Tel. (420) 221 991 160 (enquiries)
     (420) 221 991 111 (office staff)

**British Council office in Brno**
Trída Kapitána Jaroše 13
602 00 Brno
Tel. (420) 545 210 174

## In the UK

**The Embassy of the Czech Republic**
28 Kensington Palace Gardens
London W8 4QY
Tel. 09069 101060 and 020 7243 1115

**Czech Centre**
13 Harley Street
London W1G 9QG
Tel. 020 7307 5180

**Cedok Travel Ltd**
Suite 22-23
5th Floor, Morley House
314-322 Regent Street
London W1B 3BG
Tel. 020 7580 3778

# CONVERSION TABLES

Note that when writing numbers, Czech uses a comma where English uses a full stop. For example 0.6 would be written 0,6 in Czech.

## Measurements

Only the metric system is used in the Czech Republic.

**Length**
1 cm ≈ 0.4 inches
30 cm ≈ 1 foot

**Distance**
1 metre ≈ 1 yard
1 km ≈ 0.6 miles

To convert kilometres into miles, divide by 8 and then multiply by 5.

| kilometres | 1 | 2 | 5 | 10 | 20 | 100 |
|---|---|---|---|---|---|---|
| miles | 0.6 | 1.25 | 3.1 | 6.25 | 12.50 | 62.5 |

To convert miles into kilometres, divide by 5 and then multiply by 8.

| miles | 1 | 2 | 5 | 10 | 20 | 100 |
|---|---|---|---|---|---|---|
| kilometres | 1.6 | 3.2 | 8 | 16 | 32 | 160 |

**Weight**
25g ≈ 1 oz          1 kg ≈ 2 lb          6 kg ≈ 1 stone

To convert kilos into pounds, divide by 5 and then multiply by 11.
To convert pounds into kilos, multiply by 5 and then divide by 11.

| kilos | 1 | 2 | 10 | 20 | 60 | 80 |
|---|---|---|---|---|---|---|
| pounds | 2.2 | 4.4 | 22 | 44 | 132 | 176 |

**Liquid**
1 litre ≈ 2 pints
4.5 litres ≈ 1 gallon

### Temperature

To convert temperatures in Fahrenheit into Celsius, subtract 32, multiply by 5 and then divide by 9.

To convert temperatures in Celsius into Fahrenheit, divide by 5, multiply by 9 and then add 32.

| Fahrenheit (°F) | 32 | 40 | 50 | 59 | 68 | 86 | 100 |
|---|---|---|---|---|---|---|---|
| Celsius (°C) | 0 | 4 | 10 | 15 | 20 | 30 | 38 |

## Clothes sizes

Sometimes you will find sizes given using the English-language abbreviations **XS** (Extra Small), **S** (Small), **M** (Medium), **L** (Large) and **XL** (Extra Large).

### • Women's clothes

| Europe | 36 | 38 | 40 | 42 | 44 | etc |
|---|---|---|---|---|---|---|
| UK | 8 | 10 | 12 | 14 | 16 | |

### • Bras (cup sizes are the same)

| Europe | 70 | 75 | 80 | 85 | 90 | etc |
|---|---|---|---|---|---|---|
| UK | 32 | 34 | 36 | 38 | 40 | |

### • Men's shirts (collar size)

| Europe | 36 | 38 | 41 | 43 | etc |
|---|---|---|---|---|
| UK | 14 | 15 | 16 | 17 | |

### • Men's clothes

| Europe | 40 | 42 | 44 | 46 | 48 | 50 | etc |
|---|---|---|---|---|---|---|---|
| UK | 30 | 32 | 34 | 36 | 38 | 40 | |

## Shoe sizes

### • Women's shoes

| Europe | 37 | 38 | 39 | 40 | 42 | etc |
|---|---|---|---|---|---|---|
| UK | 4 | 5 | 6 | 7 | 8 | |

### • Men's shoes

| Europe | 40 | 42 | 43 | 44 | 46 | etc |
|---|---|---|---|---|---|---|
| UK | 7 | 8 | 9 | 10 | 11 | |